W0077485

Langenscheidt

Verbtabellen Französisch

von Sophie Vieillard

Langenscheidt

Berlin · München · Wien · Zürich · New York

Herausgegeben von der Langenscheidt-Redaktion
Lektorat: Manuela Beisswenger
Layout: Ute Weber

www.langenscheidt.de

Satz: kaltnermedia, Bobingen
Druck: CS-Druck CornelsenStürtz, Berlin
Bindung: Stein+Lehmann, Berlin

Printed in Germany

ISBN 978-3-468-34154-0

1. 2. 3. 4. 5. ' 12 11 10 09 08

Benutzerhinweise

Die Langenscheidt Verbtabellen Französisch wurden für Sie vollständig neu bearbeitet und sind nun noch benutzerfreundlicher, informativer und übersichtlicher. Die zweifarbige Gestaltung (fremdsprachliche Wörter und Beispielsätze sind auf den Textseiten hellblau hervorgehoben, deutsche Übersetzungen sind kursiv) und viele selbsterklärende Symbole tragen dazu bei, dass Sie einen guten Überblick über die wichtigsten französischen Verben, ihre Grammatik und über die unterschiedlichen Konjugationsmuster bekommen.

Konjugationstabellen

Auf 70 Doppelseiten werden die wichtigsten französischen Verben und ihre Konjugationsmuster dargestellt. Auf der linken Seite wird dabei das jeweilige Verb in einer Konjugationstabelle in allen relevanten Zeiten und Modi konjugiert abgebildet. ① Hier sehen Sie, zu welcher der drei Konjugationsgruppen das Verb gehört. ② Die Konjugationsnummer ordnet das Verb einem speziellen Konjugationsmuster zu. Sie ist wichtig, damit Sie auch andere Verben (z. B. all jene, die Sie in den Alphabetischen Verblisten am Ende des Buches antreffen) einem bestimmten Konjugationsmuster zuweisen können. ③ Gelegentlich finden Sie hier eine Kurzbeschreibung der wichtigsten Merkmale des jeweiligen Verbs. ④ In der Konjugationstabelle werden die Verbformen vollständig abgebildet, wobei auf den Musterkonjugationsseiten (z. B. zum Passiv) die typischen Formen bzw. Endungen dunkelblau hervorgehoben sind. Jene Formen, die eine Ausnahme darstellen und daher besonders schwierig sind, werden auch auf den später folgenden Seiten mit Konjugationstabellen stets hellblau hervorgehoben. Abweichende Schreibweisen, z. B. bei einzelnen Buchstabenänderungen in einer bestimmten Verbform, werden durch fett gesetzte Buchstaben betont. ⑤ Damit Sie bei so vielen Formen nicht den Überblick verlieren, werden auch bei den mit être konjugierten Verben nur die maskulinen Formen des Partizips angegeben.

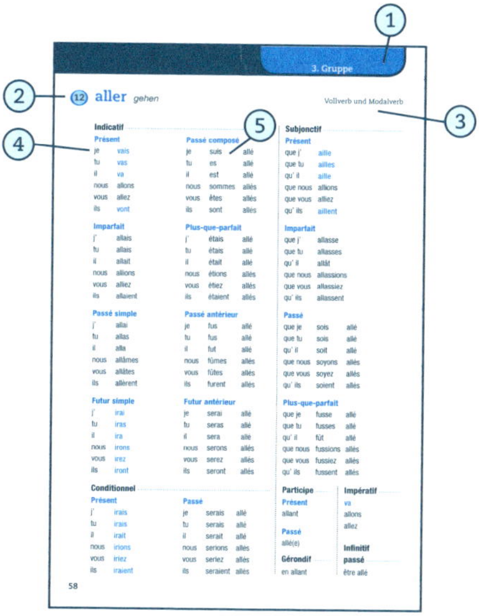

Infoseiten

Auf der rechten Seite finden Sie zusätzliche Informationen zum jeweiligen Verb, und zwar in Form von konkreten Anwendungsbeispielen (6) und festen Redewendungen (7). Alternativ zu den Redewendungen stehen manchmal auch Sprichwörter oder Witze. Ferner treffen Sie in der Rubrik Ähnliche bzw. Andere Verben (8) auf Synonyme und/oder Ableitungen bzw. auf Antonyme. Unter der Rubrik Gebrauch (9) finden Sie besondere Hinweise darauf, wie das Verb in der Praxis verwendet wird. Alternativ zeigen wir Ihnen auch unter der Rubrik Aufgepasst! formale Besonderheiten und mögliche Stolpersteine auf. Gelegentlich finden Sie auch die Rubrik Tipps & Tricks (10), die beispielsweise auf Verben mit dem gleichen Konjugationsmuster oder auf andere praktische Hilfestellungen verweist. Das Anmerkungsfeld (11) dient dazu, dass Sie weitere Verben zu den jeweils passenden Konjugationsmustern ergänzen und somit Ihren Wortschatz aktiv erweitern können.

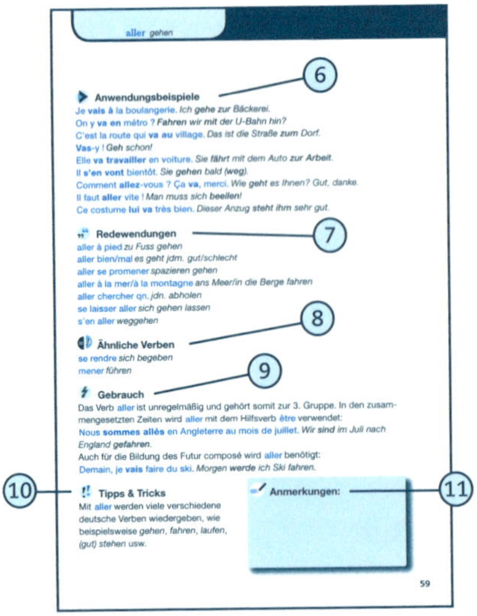
aller *gehen*

(6) **Anwendungsbeispiele**
Je **vais à** la boulangerie. *Ich **gehe zur** Bäckerei.*
On y **va en** métro ? ***Fahren** wir mit der U-Bahn hin?*
C'est la route qui **va au** village. *Das ist die Straße **zum** Dorf.*
Vas-y ! ***Geh** schon!*
Elle **va travailler** en voiture. *Sie **fährt** mit dem Auto **zur Arbeit**.*
Il **s'en vont** bientôt. *Sie **gehen** bald **(weg)**.*
Comment **allez**-vous ? Ça **va**, merci. *Wie **geht** es Ihnen? Gut, danke.*
Il faut **aller** vite ! *Man muss sich **beeilen**!*
Ce costume **lui va** très bien. *Dieser Anzug **steht** ihm sehr gut.*

(7) **Redewendungen**
aller à pied *zu Fuss gehen*
aller bien/mal *es geht jdm. gut/schlecht*
aller se promener *spazieren gehen*
aller à la mer/à la montagne *ans Meer/in die Berge fahren*
aller chercher qn. *jdn. abholen*
se laisser aller *sich gehen lassen*
s'en aller *weggehen*

(8) **Ähnliche Verben**
se rendre *sich begeben*
mener *führen*

(9) **Gebrauch**
Das Verb aller ist unregelmäßig und gehört somit zur 3. Gruppe. In den zusammengesetzten Zeiten wird aller mit dem Hilfsverb être verwendet:
Nous **sommes allés** en Angleterre au mois de juillet. *Wir **sind** im Juli nach England **gefahren**.*
Auch für die Bildung des Futur composé wird aller benötigt:
Demain, je **vais** faire du ski. *Morgen **werde** ich Ski fahren.*

(10) **Tipps & Tricks**
Mit aller werden viele verschiedene deutsche Verben wiedergeben, wie beispielsweise *gehen*, *fahren*, *laufen*, *(gut) stehen* usw.

Anmerkungen: (11)

59

Tipps & Tricks

Damit Ihnen der Einstieg in die verschiedenen Konjugationsmuster der französischen Verben leichterfällt, verraten wir Ihnen vorab in einem Extra-Teil ein paar Tipps & Tricks zum Konjugationstraining.

Grammatik rund ums Verb

In der Grammatik rund ums Verb werden in Kürze alle relevanten Grammatikthemen behandelt, die Sie beherrschen sollten, um die französischen Verben richtig verwenden und konjugieren zu können.

Symbole

Folgende Symbole werden Ihnen in der Grammatik rund ums Verb begegnen:
Unter ℹ erhalten Sie Informationen zu den speziellen Spracheigenheiten des Französischen sowie zum landestypischen Sprachgebrauch.
Unter 💡 finden Sie einen Merksatz, den Sie sich gut einprägen sollten.
⇄ Hier wird der Sprachgebrauch im gesprochenen dem geschriebenen Französischen gegenübergestellt.
⚡ weist Sie auf Stolpersteine hin, damit Sie diese möglichen Fehlerquellen vermeiden können. Hier handelt es sich zumeist um Unterschiede zwischen dem deutschen und dem französischen Sprachgebrauch.
◐ signalisiert Ihnen, dass es sich hier um eine Ausnahme oder Sonderform handelt, die Sie sich besonders gut merken sollten.
Das Symbol ▷ verweist auf andere Stellen im Buch, die Sie sich bei dieser Gelegenheit ansehen sollten.

Niveaustufenangaben gemäß dem Europäischen Referenzrahmen

In der Grammatik rund ums Verb treffen Sie mitunter auch auf folgende Niveaustufenangaben: A1 , A2 , B1 , B2 . Diese verraten Ihnen, welche Grammatikthemen und welche Regeln für Ihr Lernniveau relevant sind. Die Niveaustufen beziehen sich nicht nur auf das jeweilige Grammatikkapitel, sondern auch auf das in den Beispielsätzen verwendete Vokabular. So wissen Sie auch genau, dass Ihnen dieser Wortschatz bekannt sein sollte.
In der Praxis heißt das: Ist ein Grammatikkapitel beispielsweise der Niveaustufe A1 zugeordnet, so sind alle verwendeten Vokabeln A1, es sei denn, sie sind mit einer anderen Niveaustufe, z. B. A2 (direkt vor dem jeweiligen Wort oder Satz), versehen. Alle in diesem Kapitel enthaltenen Grammatikregeln sollten Sie dann beherrschen, es sei denn, eine Niveaustufenangabe am Rand weist Sie darauf hin, dass diese Regel für ein höheres Niveau, z. B. B1 , bestimmt ist.

Hier eine kurze Erläuterung, welche Kenntnisse auf die einzelnen Niveaustufen des Europäischen Referenzrahmens zutreffen:

A1/A2: *Elementare Sprachverwendung*, d. h.
A1 : Sie können einzelne Wörter und ganz einfache Sätze verstehen und formulieren.
A2 : Sie können die Gesprächssituationen des Alltags bewältigen und kurze Texte verstehen oder selbst verfassen.

B1/B2: *Selbstständige Sprachverwendung*, d.h.
B1 : Sie können sich in den Bereichen Alltag, Reise und Beruf schriftlich und mündlich gut verständigen.
B2 : Sie verfügen aktiv über ein großes Repertoire an grammatikalischen Strukturen und Redewendungen und können im Gespräch mit Muttersprachlern bereits stilistische Nuancen erfassen.

C1/C2: *Kompetente Sprachverwendung*, d.h.
C1 : Sie können sich spontan und fließend zu verschiedenen, auch komplexen oder fachspezifischen Sachverhalten äußern und sich schriftlich wie mündlich an die stilistischen Erfordernisse anpassen.
C2 : Sie können mühelos jeder Kommunikationsform in der Fremdsprache folgen und sich daran beteiligen. Dabei verfügen Sie über ein umfassendes Repertoire an Grammatik und Wortschatz und beherrschen verschiedene Stilebenen.

Verben mit Präposition und Alphabetische Verblisten

Am Ende des Buches finden Sie eine Auflistung einiger französischer Verben, die mit verschiedenen Präpositionen verwendet werden können. Die Alphabetischen Verblisten ermöglichen Ihnen ein schnelles Nachschlagen der Verben sowie eine leichte Zuordnung von über 1000 Verben zu den verschiedenen Konjugationsmustern.

Inhaltsverzeichnis

Grammatik rund ums Verb – Grammaire

Konjugationstabellen und Infoseiten – Tableaux de conjugaisons et informations

Abkürzungen

etc.	et cetera
etw.	etwas
jd.	jemand
jdm.	jemandem
jdn.	jemanden
jds.	jemandes
m.	Maskulinum
PP	Partizip Perfekt
Pers.	Person
Pl.	Plural
qc.	quelque chose
qn.	quelqu'un
Sing.	Singular
usw.	und so weiter
z. B.	zum Beispiel

Tipps & Tricks zum Konjugationstraining

Um Verben richtig konjugieren zu können, muss man nicht zwingend stoisch ganze Verbkonjugationen, Zeitformen und Endungen auswendig lernen oder gar hundertmal das gleiche Konjugationsschema abschreiben. Nein, Verben konjugieren kann Spaß machen und auf unterhaltsame Weise erlernt werden. Um Ihnen den Umgang mit französischen Verben ganz leicht zu machen, verraten wir Ihnen hier einige praktische Tipps & Tricks zum Konjugationstraining.

L! Pioniergeist ist gefragt

Versuchen Sie, die Andersartigkeit der Fremdsprache und ihrer Konjugationsmuster nachzuvollziehen. Sehen Sie das Erlernen der verschiedenen Zeiten, Formen und Verben einer Fremdsprache als Chance, Ihren eigenen Erfahrungsschatz zu erweitern, als Einblick in Denkweisen, die Ihnen nicht vertraut sind, die für andere Menschen, die diese Sprache täglich sprechen, aber ganz selbstverständlich sind. Zeigen Sie Pioniergeist! Lassen Sie Ihrer Freude am sprachlich Neuen, Fremden und Andersartigen freien Lauf!

L! Das Gesetz der Regelmäßigkeit

Konjugationstraining ist wie Krafttraining fürs Gehirn. Wer nur einmal alle Jubeljahre trainiert, wird wohl kein Fitnessgenie. Es ist sinnvoller, regelmäßig ein wenig als unregelmäßig viel zu lernen. Setzen Sie einen bestimmten Zeitpunkt fest, zu dem Sie sich ungestört dem Konjugationstraining widmen können, z. B. täglich eine Viertelstunde vor dem Einschlafen oder drei Mal wöchentlich in der Mittagspause. Wie immer Sie sich entscheiden: Lernen Sie kontinuierlich, denn nur so lässt sich auch Ihr Langzeitgedächtnis trainieren.

L! Aufwärmen lohnt sich

Gelernten Stoff zu wiederholen ist wie leichtes Joggen: Laufen Sie sich warm mit Altbekanntem, bevor Sie sich an Neues wagen. Auch wenn Sie noch nicht alle Konjugationsmuster einer Sprache kennen und noch viel Neues vor sich haben, darf das bereits Erlernte nicht vernachlässigt werden. Wiederholen Sie auch Konjugationen, die Sie schon gut können, das macht Spaß und hält fit.

L! Das Salz in der Suppe

Versuchen Sie niemals, sich zu viele Konjugationsmuster auf einmal einzuprägen. Man verliert sonst schnell den Überblick und läuft Gefahr, sich etwas Falsches zu merken oder gar die verschiedenen Konjugationen durcheinanderzuwürfeln. Verbkonjugationen sind wie das Salz in der „Fremdsprachen-Suppe“. Ebenso wie man eine Suppe versalzen kann, kann man sich das Erlernen einer Fremdsprache erschweren, indem man versucht, sich zu viele Konjugationsmuster auf einmal zu merken. Lernen Sie langsam, stetig und zielorientiert und verdauen Sie in kleinen Häppchen. Nur Geduld!

L! Eigenlob stinkt nicht immer

Schauen Sie auf das, was Sie bereits gelernt haben. Loben Sie sich für gemachte Fortschritte oder belohnen Sie sich für gute Leistungen. Lob motiviert und Motivation ist eine grundlegende Voraussetzung fürs Lernen.

L! Schluss mit dem Fachchinesisch
Wenn Sie etwas Neues lernen, kommen immer auch neue Fachbegriffe auf Sie zu, die Sie kennen sollten. Wählen Sie gezielt nach und nach einzelne Grammatikbegriffe aus (▶ Terminologie) und machen Sie sich mit ihrer Bedeutung vertraut. Sie werden sehen, dass es Ihnen im Laufe der Zeit leichterfallen wird, die unterschiedlichen Konjugationsmuster und Zeitformen einer Fremdsprache nachzuvollziehen, wenn für Sie die Fachterminologie nicht mehr Fachchinesisch ist.

L! Hemmungslos werden
Auch wenn die Beschäftigung mit Verbkonjugationen nicht zu Ihren bevorzugten Freizeitaktivitäten gehört, sollten Sie, um Abneigungen, Hemmungen oder Widerwillen abzubauen, die Konjugationsmuster mit anderen, alltäglichen Regeln vergleichen. Straßenverkehrsregeln, mathematische Grundregeln, Regeln von Sportarten etc. sind Ihnen heute völlig vertraut, mussten jedoch erst einmal von Ihnen gelernt werden. Auch die Regeln, die den Verbkonjugationen zugrunde liegen, werden Sie eines Tages verinnerlicht haben und, ohne darüber nachdenken zu müssen, intuitiv anwenden können.

L! Fehleranalyse gegen Fettnäpfchen
Haben Sie keine Angst vor Fehlern! Es ist nicht das Ziel des Lernens, keine Fehler zu machen, sondern gemachte Fehler zu bemerken. Nur wer einen Fehler im Nachhinein erkennt, kann ihn beim nächsten Mal vermeiden. Das Beherrschen der unterschiedlichen Konjugationsmuster einer Fremdsprache und das Verinnerlichen von Musterkonjugationen ist dabei durchaus hilfreich: zum einen, um einen Fehler nachvollziehen zu können, und zum anderen, um nicht ein zweites Mal in dasselbe Fettnäpfchen zu treten.

L! Haben Sie einen Typ?
Finden Sie heraus, welcher Lerntyp Sie sind. Behalten Sie eine Verbform schon im Gedächtnis, wenn Sie sie gehört haben (*Hörtyp*) oder müssen Sie sie gleichzeitig sehen (*Seh-/Lesetyp*) und dann aufschreiben (*Schreibtyp*)? Macht es Ihnen Spaß, verschiedenen Konjugationen und Zeitformen in kleinen Rollenspielen auszuprobieren (*Handlungstyp*)? Die meisten Menschen tendieren zum einen oder anderen Lerntyp. Reine Typen kommen nur sehr selten vor. Sie sollten daher sowohl Ihren Typ ermitteln als auch Ihre Lerngewohnheiten Ihren Vorlieben anpassen. Halten Sie also Augen und Ohren offen und lernen Sie ruhig mit Händen und Füßen, wenn Sie der Typ dafür sind.

L! Sag's mit einem Post-it
Auf Post-its wurden schon Heiratsanträge gemacht oder Beziehungen beendet. Also ist es kein Wunder, dass man damit auch Konjugieren lernen kann. Schreiben Sie sich einzelne Verbformen (idealerweise mit Beispielen, s. u.) sepa-

rat auf Blätter oder Post-its und hängen Sie sie dort hin, wo Sie sie täglich sehen können, z. B. ins Bad über den Spiegel, an den Computer, den Kühlschrank oder neben die Kaffeemaschine. So verinnerlichen Sie schwierige Verbformen ganz nebenbei. Denn das Auge lernt mit.

Beispielsätze gegen Trockenfutter
Trockenfutter ist schwer verdaulich. Die verschiedenen Konjugationsmuster trocken aufzunehmen ebenso. Überlegen Sie sich zu jedem Verb einen Beispielsatz und konjugieren Sie diesen durch die verschiedenen Zeiten und Modi.
Fortgeschrittene können in Originaltexten (Zeitungen, Büchern, Filmen, Songtexten) nach konkreten Anwendungsbeispielen suchen. So werden die Konjugationen leicht bekömmlich.

Führen Sie Selbstgespräche
Wählen Sie besonders schwierige Verbformen aus, schreiben Sie dazu einzelne Beispielsätze auf und sprechen Sie diese laut vor sich hin, z. B. unter der Dusche, beim Spazierengehen oder während langer Autofahrten. Reden Sie mit sich selbst in der Fremdsprache, so prägen Sie sich auch komplizierte Verbformen ganz schnell ein.

Grammatik à la Karte
Wie beim Vokabellernen im Allgemeinen lässt sich auch für Verben im Besonderen eine Art Karteikasten mit einzelnen Karten anlegen. Schreiben Sie die Verben – auch in konjugierter Form oder mit Beispielsätzen – auf die eine Seite und die Übersetzungen dazu auf die andere. Schauen Sie sich die Karten regelmäßig an und sortieren Sie die, die Ihnen vertraut sind, allmählich aus.

Gegensätze ziehen sich an
Merken Sie sich Verben paarweise, indem Sie sich immer auch ein Verb, das das Gegenteil bedeutet (Antonym), einprägen oder ein weiteres Verb mit der gleichen Bedeutung (Synonym). Das hilft Ihnen, nicht „sprachlos“ zu sein, wenn Ihnen ein Verb mal nicht gleich einfällt oder Sie sich nicht sicher sind, wie es konjugiert wird. Indem Sie Antonyme und Synonyme mit dazulernen, bauen Sie sich einen breit gefächerten Wortschatz auf und können aus dem Vollen schöpfen.

Vor-/nach-/raus-/rein-/runter-/rüber- ...gehen
Manche Verben können durch eine Vorsilbe eine andere Bedeutung annehmen. In der Regel verändert sich dabei jedoch nicht das Konjugationsmuster. Das ist sehr praktisch, denn auf diese Weise müssen Sie nur das Konjugationsmuster eines Verbs lernen und beherrschen so aber gleich automatisch die Konjugation zahlreicher Ableitungen des Verbs.

Haben Sie einen Plan?
Schreiben Sie Verben, die das gleiche Konjugationsmuster haben, auf einem großen Bogen Papier, eventuell mit Zeichnungen, Verweisen oder kurzen Beispielen, überschaubar zusammen und erstellen Sie Ihren persönlichen Lageplan. Mithilfe sogenannter *mind*

maps können Sie sich schon durch das bloße Erstellen des Plans ganz schnell einen Gesamtüberblick über die verschiedenen Konjugationsmuster verschaffen. Ob Sie dieses Papier dann auch irgendwo hinhängen oder nicht, ist nicht ausschlaggebend, denn Sie haben dann ja den Plan schon im Kopf.

Denken Sie in Schubladen

Was im wahren Leben nicht unbedingt sinnvoll ist, kann beim Konjugationstraining hilfreich sein. Machen Sie sich gedankliche Schubladen, in die Sie die gelernten Verben einsortieren, und versehen Sie diese mit Etiketten: regelmäßige Verben, unregelmäßige Verben, Hilfsverben etc.

Bleiben Sie in Bewegung

Sie müssen beim Lernen nicht unbedingt am Schreibtisch sitzen. Stehen Sie auf, gehen Sie im Zimmer auf und ab oder wiederholen Sie beim Spazierengehen, beim Joggen, beim Schwimmen in Gedanken die neu gelernten Konjugationen. Ihr Gehirn funktioniert nachweislich besser, wenn Ihr Körper in Bewegung ist. Und Ihr Kreislauf dankt es Ihnen auch.

Beweisen Sie Taktgefühl

Klopfen Sie im Takt dazu (z. B. auf die Tischplatte), wenn Sie sich eine Konjugation einprägen wollen. Takt und Rhythmus fördern Ihr Erinnerungsvermögen. Eventuell hilft auch musikalische Unterstützung in Form von Hintergrundmusik. Und beim Wiederholen der Verbformen können Sie Ihr Taktgefühl und Ihr Gedächtnis zugleich unter Beweis stellen.

Grammatik aus dem Ei

Behelfen Sie sich beim Lernen von Konjugationsmustern oder Verbformen, die eine Ausnahme darstellen, mit Eselsbrücken, Reimen, Merkhilfen und Lernsprüchen. „7-5-3 Rom schlüpft aus dem Ei" – was bei historischen Jahreszahlen funktioniert, klappt auch beim Sprachenlernen.

Machen Sie Witze?

Merken Sie sich Witze, in denen ein bestimmtes Verb, das Sie lernen wollen, vorkommt. Indem Sie sich den Witz in der Fremdsprache einprägen und sich an diesen erinnern, prägen Sie sich auch die Verbform und ihre Bedeutung gut ein. Das funktioniert gleichermaßen mit Sprichwörtern und Redewendungen. Aber denken Sie daran, dass sich feste Wendungen nicht immer wörtlich von einer Sprache in die andere übertragen lassen!

Setzen Sie Ihrer Fantasie keine Grenzen

Machen Sie sich im wahrsten Sinne ein Bild von der Situation, denn auch Bilder, die Sie im Kopf haben, dienen als Gedächtnisstützen. Versuchen Sie also, ein neu gelerntes Verb gedanklich mit einem einfachen Bild zu verknüpfen. Was sagt das Verb aus? Vor allem das Erlernen der Zeiten funktioniert besser, wenn Sie sich das, was die jeweilige Zeitform ausdrückt, visuell vorstellen.

L! Gretchenfrage: Und wie steht's mit der Muttersprache?

Denken Sie über Ihre eigenen Sprechgewohnheiten nach und schauen Sie sich die Regeln Ihrer Muttersprache an. Die Gesetze der Fremdsprache sind viel einfacher nachvollzieh- und erlernbar, wenn man die Unterschiede zur eigenen Muttersprache kennt. Welche Zeitformen verwenden Sie wann, wie werden sie gebildet etc.? Indem Sie die Fremdsprache mit Ihrer Muttersprache vergleichen, machen Sie sich Parallelen und Unterschiede bewusster und prägen sich diese gleich viel besser ein.

L! Lieber hin und weg als auf und davon

Lernen Sie die Verben auch gleich in Verbindung mit verschiedenen Präpositionen. Sie werden zum einen merken, dass Sie damit Ihren Wortschatz ganz schnell erweitern können, da die Verben je nach Präposition zumeist auch unterschiedliche Bedeutungen haben. Zum anderen werden Sie feststellen, dass in der Fremdsprache häufig ganz andere Präpositionen mit dem Verb verwendet werden als in Ihrer Muttersprache.

L! Gebrauchsanweisung

Wenn Sie sich ein Verb und sein Konjugationsmuster einprägen, dann achten Sie auch darauf, den richtigen Gebrauch des Verbs mitzulernen. Denn nur so können Sie das Gelernte auch in der Praxis erfolgreich zur Anwendung bringen.

L! Wer liest, ist im Vorteil

Wagen Sie sich langsam an fremdsprachige Lektüre heran, sei es in vereinfachter Form mit Übersetzungshilfen, sei es in Form leichter Originaltexte, und schauen Sie sich insbesondere die verwendeten Verbformen immer wieder bewusst an. Es zählt nicht, wie viel Sie lesen, sondern dass Sie einzelne Zeit- und Verbformen im Kontext nachvollziehen und verstehen können, was ausgedrückt werden soll.

L! Haben Sie O-Töne?

Lernen Sie multimedial. Schauen Sie DVDs oder Kinofilme im Originalton und wenn möglich mit Originaluntertitel an, also z. B. einen französischen Film mit französischem Untertitel. Sie werden sehen, dass Sie durch das Mitlesen das Gesprochene wesentlich besser verstehen als ohne die Texthilfe. Halten Sie die DVD gelegentlich auch mal an und schreiben Sie sich interessante Verben, auch in Verbindung mit verschiedenen Präpositionen oder als ganze Redewendung, auf.

L! Verben – ab in den Koffer!

Das Spiel „Ich packe in meinen Koffer …" kennt vermutlich jeder. Falls nicht, hier die ultimative Variante zum Konjugationstraining zu zweit: Setzen Sie sich mit Ihrem Mitlerner zusammen und beginnen Sie, indem Sie eine Verbform laut sagen. Ihr Mitlerner muss diese wiederholen und eine andere Verbform hinzufügen. Dann sind wieder Sie an der Reihe mit der nächsten Verbform usw.

Der Vorteil bei dieser Trainingsform ist, dass Sie nicht nur Verbkonjugationen und Vokabeln gleichzeitig lernen, sondern auch Ihr Gedächtnis in Schwung halten und das Ganze auf spielerische und unterhaltsame Art und Weise.

L! Kofferpacken für Fortgeschrittene

Wenn Sie Spaß am spielerischen Lernen gefunden haben, dann gefällt Ihnen sicher auch „Kofferpacken für Fortgeschrittene“. Wenn Sie ein Verb „in den Koffer packen“, dann muss Ihr Mitspieler ein Verb mit dem in der alphabetischen Reihenfolge folgenden Buchstaben dazupacken usw. Sie sind auf jeden Fall im Vorteil, denn Sie können sich ja mit den Alphabetischen Verblisten am Ende des Buches bestens auf das verbale Duell vorbereiten.
Wenn Ihnen das noch nicht reicht, dann gibt es noch die ultimativ spaßige Verben-in-den-Koffer-pack-Variante: Sie vereinbaren mit Ihrem Mitspieler im Vorfeld zwei Handzeichen. Daumen nach oben heißt, dass die Verben, wie oben beschrieben, in alphabetisch aufsteigender Variante gepackt werden müssen. Daumen nach unten heißt, dass das nächste Verb mit einem Anfangsbuchstaben in alphabetisch absteigender Richtung beginnen muss. Das geht dann so lange so weiter, bis es zum nächsten Richtungswechsel kommt. Sie werden sehen, lachen ist vorprogrammiert und der Lerneffekt auch.

L! Verb-Memo für Einzelkämpfer zur Pärchenbildung

Um Ihrem neu entdeckten Spieltrieb keinen Abbruch zu tun, hier noch ein Spieltipp, den Sie auch alleine umsetzen können. Schreiben Sie sich die gleiche konjugierte Verbform jeweils auf zwei Kärtchen. Insgesamt sollten Sie ca. 20 bis 30 Kärtchen erstellen, die Sie dann umdrehen und mischen. Dann decken Sie ein Kärtchen auf und versuchen unter den umgedrehten Kärtchen das Pendant zu Ihrem Kärtchen zu finden. Werden Sie nicht auf Anhieb fündig, so müssen Sie die Karte wieder umdrehen. Merken Sie sich gut, auf welcher Karte sich welche Verbform befindet, und verwechseln Sie sehr ähnlich aussehende Formen nicht! Wenn Sie ein Pärchen haben, dürfen Sie dieses aus dem Spiel nehmen. Das geht so lange, bis keine Karten mehr im Spiel sind. Auch hier trainieren Sie nicht nur die Konjugationen, sondern Ihr Gedächtnis und manchmal auch Ihre Geduld.

L! Learning by doing in freier Wildbahn

Zu guter Letzt, wenden Sie die gelernten Verben und Konjugationen aktiv an. Reisen Sie in Länder, in denen die Sprache gesprochen wird, genießen Sie es, mit Menschen in der Fremdsprache zu sprechen, die Sie gerade lernen oder dann auch schon können, und freuen Sie sich über die Anerkennung, die Sie dafür bekommen, und die Kontakte, die Sie dabei knüpfen können – weil Sprachen verbinden …

Viel Spaß und Erfolg wünscht Ihnen
Ihre Langenscheidt-Redaktion

Terminologie

Französisch	Deutsch
accord	*Accord (Angleichung)*
auxiliaire	*Hilfsverb*
conditionnel présent	*Konditional I*
conditionnel passé	*Konditional II*
futur antérieur	*Futur antérieur*
futur composé	*Futur composé*
futur simple	*Futur simple*
gérondif	*Gerund*
imparfait	*Imparfait*
impératif	*Imperativ*
indicatif	*Indikativ*
infinitif	*Infinitiv*
infinitif passé	*Infinitiv der Vergangenheit*
négation	*Verneinung*
participe	*Partizip*
participe passé	*Partizip Perfekt*
participe présent	*Partizip Präsens*
passé	*Vergangenheit*
passé antérieur	*Passé antérieur*
passé composé	*Passé composé*
passé récent	*Passé récent*
passé simple	*Passé simple*
plus-que-parfait	*Plus-que-parfait*
préposition	*Präposition*
présent	*Präsens*
pronom neutre	*neutrales Pronomen*
proposition conditionnelle	*Bedingungssatz*
subjonctif	*Subjonctif*
subjonctif imparfait	*Subjonctif imparfait*
subjonctif passé	*Subjonctif der Vergangenheit*
subjonctif plus-que-parfait	*Subjonctif plus-que-parfait*
subjonctif présent	*Subjonctif Präsens*
verbe	*Verb*
verbe défectif/impersonnel	*unvollständiges/unpersönliches Verb*
verbe irrégulier/régulier	*unregelmäßiges/regelmäßiges Verb*
verbe pronominal	*reflexives Verb*
voix passive	*Passiv*

1 Das Verb

A1

🛈 Wie im Deutschen verändert sich das französische Verb in Person (im Partizip Perfekt teilweise auch in Genus) und Numerus (Singular, Plural) sowie in Modus, Tempus und Verhaltensrichtung (Aktiv, Passiv).

1.1 Die Konjugationsgruppen

A1

🛈 Die französischen Verben werden nach ihrer Infinitivendung in drei Konjugationsgruppen eingeteilt.

- Verben der 1. Gruppe:
  Die 1. Gruppe umfasst die Verben auf -er, außer aller *gehen*, das zur 3. Gruppe gehört. Diese regelmäßigen Verben bilden die 1. Person Singular Indikativ Präsens auf -e und das Partizip Perfekt auf -é.

parler, je parl**e**, j'ai parl**é** *sprechen*

  Die Verben der 1. Gruppe mit besonderer Schreibweise werden in den jeweiligen Konjugationstabellen aufgeführt.

- Verben der 2. Gruppe:
  Die 2. Gruppe umfasst die regelmäßigen Verben auf -ir mit Stammerweiterung im Plural, die in der 1. Person Singular Indikativ Präsens auf -is und im Partizip Präsens auf -issant enden.

finir, je fin**is**, fin**issant** *beenden*

- Verben der 3. Gruppe:
  Die 3. Gruppe umfasst alle übrigen Verben, die meist unregelmäßig sind: das Verb aller *gehen*, die übrigen Verben auf -ir, die Verben auf -oir und die Verben auf -re.

1.2 Die Verben avoir und être

A1

🛈 Wie im Deutschen werden im Französischen être *sein* und avoir *haben* auch als Hilfsverb zur Bildung der zusammengesetzten Zeiten verwendet.

- Mit avoir gebildete Verben in den zusammengesetzten Zeiten sind:
  - alle transitiven Verben:
    Il **a pris** une soupe de légumes. *Er **hat** eine Gemüsesuppe **genommen**.*
  - die meisten intransitiven Verben:
    Anne **a** beaucoup **lu** pendant les vacances. *Anne **hat** viel **gelesen** in den Ferien.*

- ⚡ im Gegensatz zum Deutschen die Verben A2 marcher *zu Fuß gehen* und A2 rouler *fahren* sowie die Verben B1 courir *rennen* und B1 nager *schwimmen:*
  A2 Elle **a marché** jusqu'ici. *Sie **ist** bis hierhin **zu Fuß gegangen**.*
  B1 Il **a couru** comme un fou. *Er **ist** wie blöd **gelaufen**.*
- die unpersönlichen Verben:
  Il **a neigé**. *Es **hat geschneit**.*
- être und avoir:
  J'ai été malade. *Ich **war** krank.*
  J'ai eu mal à la tête. *Ich **hatte** Kopfschmerzen.*

- Mit être gebildete Verben in den zusammengesetzten Zeiten sind:
  - alle reflexiven Verben:
    Il **s'est lavé**. *Er **hat sich gewaschen**.*
  - einige intransitive Verben, die eine Bewegung oder einen veränderten Zustand kennzeichnen:
    Nous **sommes allés** au cinéma. *Wir **sind** ins Kino **gegangen**.*
  - transitive Verben zur Bildung des Passivs:
    Ces voitures **sont importées** par une grande entreprise. *Diese Autos **werden** von einem großen Unternehmen **importiert**.*

A1 1.3 Das reflexive Verb

Reflexive Verben werden mithilfe der Reflexivpronomen gebildet.

- einfache Zeiten:

se laver *sich waschen*
je me lave
tu te laves
il/elle se lave
nous nous lavons
vous vous lavez
ils/elles se lavent

- zusammengesetzte Zeiten:

s'asseoir *sich setzen*
je me suis assis(e)
tu t'es assis(e)
il/elle s'est assis(e)
nous nous sommes assis(es)
vous vous êtes assis(es)
ils/elles se sont assis(es)

💡 In den einfachen Zeiten steht das verbundene Reflexivpronomen im Französischen zwischen dem Subjekt und dem konjugierten Verb.

💡 In den zusammengesetzten Zeiten steht das verbundene Reflexivpronomen im Französischen zwischen dem Subjekt und dem Hilfsverb être *sein*.

1.4 Das unpersönliche Verb

A1

Unpersönliche Verben werden nur in der 3. Person Singular mit dem neutralen Pronomen il als Subjekt verwendet.

Il a neigé/plu toute la journée. *Es hat den ganzen Tag geschneit/geregnet.*
Il fait froid. *Es ist kalt.*
Il est quelle heure ? *Wie viel Uhr ist es?*
B1 **Il faut** réserver la veille. *Man muss einen Tag vorher reservieren.*
B1 **Il faut que** vous réserviez la veille. *Sie müssen einen Tag vorher reservieren.*

2 Der Indikativ

A1

Mit dem Modus Indikativ werden Tatsachen in der Gegenwart (Präsens), in der Vergangenheit (Imparfait, Passé composé, Plus-que-parfait, Passé simple, Passé récent, Passé antérieur) oder in der Zukunft (Futur simple, Futur composé, Futur antérieur) geschildert.

2.1 Das Präsens

A1

Formen

Die Verben der 1. Gruppe bilden das Präsens wie folgt:

Endungen	**parl-er** *sprechen*
-e	je parl**e**
-es	tu parl**es**
-e	il/elle parl**e**
-ons	nous parl**ons**
-ez	vous parl**ez**
-ent	ils/elles parl**ent**

Die Verben der 2. Gruppe bilden das Präsens wie folgt:

Endungen	**fin-ir** *beenden*
-s	je fini**s**
-s	tu fini**s**
-t	il/elle fini**t**
-ons	nous finiss**ons**
-ez	vous finiss**ez**
-ent	ils/elles finiss**ent**

Bei den Verben der 3. Gruppe liegt sehr häufig eine Stammänderung vor, die Sie beachten sollten.

Endungen	**cour-ir** *laufen/* **prend-re** *nehmen*
-s	je cour**s**/prend**s**
-s	tu cour**s**/prend**s**
-t/-d	il/elle cour**t**/pren**d**
-ons	nous cour**ons**/pren**ons**
-ez	vous cour**ez**/pren**ez**
-ent	ils/elles cour**ent**/prenn**ent**

Endungen	**cueill-ir** *pflücken*
-e	je cueill**e**
-es	tu cueill**es**
-e	il/elle cueill**e**
-ons	nous cueill**ons**
-ez	vous cueill**ez**
-ent	ils/elles cueill**ent**

Endungen	**pouv-oir** *können*
-x	je peu**x**
-x	tu peu**x**
-t	il/elle peu**t**
-ons	nous pouv**ons**
-ez	vous pouv**ez**
-ent	ils/elles peuv**ent**

Das Präsens von avoir und être wird wie folgt gebildet:

avoir *haben*
j'**ai**
tu **as**
il/elle **a**
nous **avons**
vous **avez**
ils/elles **ont**

être *sein*
je **suis**
tu **es**
il/elle **est**
nous **sommes**
vous **êtes**
ils/elles **sont**

Gebrauch

Wie im Deutschen beschreibt das Präsens ein Geschehen, das gleichzeitig zum Sprechzeitpunkt abläuft.

Delphine **prépare** une salade pour ce soir. *Delphine **macht** einen Salat für heute Abend.*

Es drückt auch eine Gewohnheit oder eine allgemeine Wahrheit aus.

Nous **mangeons** du poisson deux fois par semaine. Et vous ? *Wir **essen** zweimal pro Woche Fisch. Und Sie?*

La santé **est** plus importante que l'argent. *Die Gesundheit **ist** wichtiger als Geld.*

Auch die nahe Zukunft wird durch das Präsens vermittelt.

Son voisin **part** demain. *Sein Nachbar **fährt** morgen ab.*

Es signalisiert ferner, dass eine Bedingung noch nicht erfüllt ist. Das Präsens steht dann im Nebensatz nach der Konjunktion si *wenn* und im Hauptsatz steht das Futur simple.

Si j'**ai** le temps, je t'**écrirai** une carte postale. *Wenn ich Zeit **habe**, **schreibe** ich dir eine Postkarte.*

ⓘ Im Französischen gibt es eine eigene Form des Präsens, das Présent progressif, um hervorzuheben, dass eine Handlung gerade passiert. Sie wird gebildet mit être en train de + Infinitiv.

Delphine **est en train de préparer** une salade pour ce soir. *Delphine **macht gerade** einen Salat für heute Abend.*

2.2 Die Vergangenheit

A1

2.2.1 Das Imparfait

A1

Formen

Das Imparfait wird mit dem Verbstamm der 1. Person Plural Indikativ Präsens + Endung des Imparfait gebildet. ⚡ Manche unregelmäßige Verben der 3. Gruppe sowie avoir und être weichen von diesem System etwas ab, haben aber regelmäßige Endungen.

Endungen	**prendre** *nehmen* pren-ons	**avoir** *haben*	**être** *sein*
-ais	je pren**ais**	j'av**ais**	j'ét**ais**
-ais	tu pren**ais**	tu av**ais**	tu ét**ais**
-ait	il/elle pren**ait**	il/elle av**ait**	il/elle ét**ait**
-ions	nous pren**ions**	nous av**ions**	nous ét**ions**
-iez	vous pren**iez**	vous av**iez**	vous ét**iez**
-aient	ils/elles pren**aient**	ils/elles av**aient**	ils/elles ét**aient**

Gebrauch

Das Imparfait steht zur Schilderung zeitlich unbegrenzter Zustände und Handlungen in der Vergangenheit.

Il **faisait** très beau et les enfants **jouaient** sur la plage. *Das Wetter **war** sehr schön und die Kinder **spielten** am Strand.*

⚡ Abgeschlossene Handlungen, die in diesen Hintergrund eingebettet sind, werden mit dem Passé composé ausgedrückt.

Les enfants **jouaient** dans l'eau quand le temps **a changé**. *Die Kinder **spielten** im Wasser, als sich das Wetter **änderte**.*

Das Imparfait drückt auch eine Gewohnheit in der Vergangenheit aus.
Quand ils **habitaient** à Paris, ils **partaient** tous les week-ends. *Als sie in Paris **wohnten**, **fuhren** sie jedes Wochenende weg.*

A2 Des Weiteren signalisiert es eine bisher noch nicht erfüllte Bedingung. Das Imparfait steht dann im Nebensatz nach der Konjunktion si *wenn* und im Hauptsatz steht der Konditional I.
Si tu **lisais** les journaux, tu **saurais** ce qui se passe. *Wenn du die Zeitung **lesen würdest**, **wüsstest** du, was los ist.*

A1

2.2.2 Das Passé composé

Formen

Das französische Passé composé wird wie das deutsche Perfekt gebildet: Präsens der Hilfsverben avoir *haben* oder être *sein* + Partizip Perfekt (PP).

chanter *singen* Hilfsverb avoir + PP (= chanté)	**venir** *kommen* Hilfsverb être + PP (= venu)
j'**ai chanté**	je **suis venu(e)**
tu **as chanté**	tu **es venu(e)**
il/elle **a chanté**	il/elle **est venu(e)**
nous **avons chanté**	nous **sommes venu(e)s**
vous **avez chanté**	vous **êtes venu(e)s**
ils/elles **ont chanté**	ils/elles **sont venu(e)s**

Das Passé composé von avoir und être wird mit dem Hilfsverb avoir gebildet.

avoir *haben* Hilfsverb avoir + PP (= eu)	**être** *sein* Hilfsverb avoir + PP (= été)
j'**ai eu**	j'**ai été**
tu **as eu**	tu **as été**
il/elle **a eu**	il/elle **a été**
nous **avons eu**	nous **avons été**
vous **avez eu**	vous **avez été**
ils/elles **ont eu**	ils/elles **ont été**

Gebrauch

Das Passé composé wird meist mit einer Zeitbestimmung verwendet und beschreibt eine zwar zurückliegende, abgeschlossene Handlung, die aber noch bis in die Gegenwart wirkt.

Ils **ont** beaucoup **travaillé** et maintenant ils sont fatigués. *Sie **haben** viel **gearbeitet** und jetzt sind sie müde.*

Es drückt auch aufeinanderfolgende abgeschlossene Handlungen aus.
David **est rentré** à 18 heures. Il **est allé** faire du sport, après il **a pris** une douche et il **a préparé** son dîner. *David **ist** um 18 Uhr **nach Hause gekommen**. Er **hat** Sport **gemacht**, danach **hat** er sich **geduscht** und **hat** sein Abendessen **vorbereitet**.*

Ferner drückt das Passé composé oft anstelle des Passé simple ein weit zurückliegendes Ereignis aus.
Samuel de Champlain **est arrivé** à Québec en 1608. *Samuel de Champlain **kam** 1608 in Quebec **an**.*

2.2.3. Das Plus-que-parfait

A2

Formen

Das Plus-que-parfait wird mit dem Imparfait der Hilfsverben avoir *haben* oder être *sein* + Partizip Perfekt (PP) gebildet.

travailler *arbeiten* Hilfsverb avoir + PP (= travaillé)	**aller** *gehen* Hilfsverb être + PP (= allé)
j'**avais travaillé**	j'**étais allé(e)**
tu **avais travaillé**	tu **étais allé(e)**
il/elle **avait travaillé**	il/elle **était allé(e)**
nous **avions travaillé**	nous **étions allé(e)s**
vous **aviez travaillé**	vous **étiez allé(e)s**
ils/elles **avaient travaillé**	ils/elles **étaient allé(e)s**

Das Plus-que-parfait von avoir und être wird mit dem Hilfsverb avoir gebildet.

avoir *haben* Hilfsverb avoir + PP (= eu)	**être** *sein* Hilfsverb avoir + PP (= été)
j'**avais eu**	j'**avais été**
tu **avais eu**	tu **avais été**
il/elle **avait eu**	il/elle **avait été**
nous **avions eu**	nous **avions été**
vous **aviez eu**	vous **aviez été**
ils/elles **avaient eu**	ils/elles **avaient été**

Gebrauch

Wie im Deutschen drückt das Plus-que-parfait aus, dass eine Handlung der Vergangenheit vor einer anderen stattgefunden hat.
Alice a raconté/raconta qu'elle **avait vécu** au Canada. *Alice hat erzählt/erzählte, dass sie in Kanada **gelebt hatte**.*

B1 Es steht auch zum Ausdruck einer nicht mehr erfüllbaren Bedingung: Das Plus-que-parfait steht dann im Nebensatz nach der Konjunktion si *wenn* und im Hauptsatz steht der Konditional II.
Si cette mesure **avait été** prise à temps, on **aurait pu** éviter beaucoup de chômage. ***Wäre** diese Maßnahme rechtzeitig **getroffen worden, hätte** man viel Arbeitslosigkeit vermeiden **können**.*

B1 2.2.4 Das Passé simple

Formen und Gebrauch

Die Verben der 1. und 2. Gruppe bilden das Passé simple wie folgt:

Endungen	**jou-er** *spielen*
-ai	je jou**ai**
-as	tu jou**as**
-a	il/elle jou**a**
-âmes	nous jou**âmes**
-âtes	vous jou**âtes**
-èrent	ils/elles jou**èrent**

Endungen	**fin-ir** *beenden*
-is	je fin**is**
-is	tu fin**is**
-it	il/elle fin**it**
-îmes	nous fin**îmes**
-îtes	vous fin**îtes**
-irent	ils/elles fin**irent**

Die Verben der 3. Gruppe bilden das Passé simple wie folgt:

Endungen	**part-ir** *weggehen*
-is	je part**is**
-is	tu part**is**
-it	il/elle part**it**
-îmes	nous part**îmes**
-îtes	vous part**îtes**
-irent	ils/elles part**irent**

Endungen	**voul-oir** *wollen/mögen*
-us	je voul**us**
-us	tu voul**us**
-ut	elle voul**ut**
-ûmes	nous voul**ûmes**
-ûtes	vous voul**ûtes**
-urent	ils/elles voul**urent**

Die folgenden Endungen gelten nur für die Verben venir *kommen* und tenir *halten* und die davon abgeleiteten Verben.

Endungen	**ven-ir** *kommen*
-ins	je **vins**
-ins	tu **vins**
-int	il/elle **vint**
-înmes	nous **vînmes**
-întes	vous **vîntes**
-inrent	ils/elles **vinrent**

Endungen	**ten-ir** *halten*
-ins	je **tins**
-ins	tu **tins**
-int	il/elle **tint**
-înmes	nous **tînmes**
-întes	vous **tîntes**
-inrent	ils/elles **tinrent**

Das Passé simple von avoir und être wird wie folgt gebildet:

avoir *haben*
j'**eus**
tu **eus**
il/elle **eut**
nous **eûmes**
vous **eûtes**
ils/elles **eurent**

être *sein*
je **fus**
tu **fus**
il/elle **fut**
nous **fûmes**
vous **fûtes**
ils/elles **furent**

Das Passé simple wird nur noch in der geschriebenen Sprache (Literatur) verwendet. Es erfüllt zwar die gleichen Funktionen wie das Passé composé, hat aber keinen Bezug zur Gegenwart.
On **construisit** la Tour Eiffel en moins de deux ans. *Man **baute** den Eiffelturm in weniger als zwei Jahren.*

2.2.5 Das Passé récent

A2

Formen und Gebrauch

Zum Ausdruck der unmittelbaren Vergangenheit verwendet man im Französischen das Passé récent. Es wird wie folgt gebildet:

Präsens von venir de + Infinitiv

Son père **vient** (juste) **de sortir** de l'hôpital. *Sein Vater **ist gerade** (eben) aus dem Krankenhaus **entlassen worden**.*

2.2.6 Das Passé antérieur

B1

Formen und Gebrauch

Das Passé antérieur wird mit dem Passé simple von avoir oder être + Partizip Perfekt (PP) gebildet:

travailler *arbeiten* Hilfsverb avoir + PP (= travaillé)	**aller** *gehen* Hilfsverb être + PP (= allé)
j'**eus travaillé**	je **fus allé(e)**
tu **eus travaillé**	tu **fus allé(e)**
il/elle **eut travaillé**	il/elle **fut allé(e)**
nous **eûmes travaillé**	nous **fûmes allé(e)s**
vous **eûtes travaillé**	vous **fûtes allé(e)s**
ils/elles **eurent travaillé**	ils/elles **furent allé(e)s**

Das Passé antérieur von avoir und être wird mit dem Hilfsverb avoir gebildet.

avoir *haben* Hilfsverb avoir + PP (= eu)	**être** *sein* Hilfsverb avoir + PP (= été)
j' **eus eu**	j' **eus été**
tu **eus eu**	tu **eus été**
il/elle **eut eu**	il/elle **eut été**
nous **eûmes eu**	nous **eûmes été**
vous **eûtes eu**	vous **eûtes été**
ils/elles **eurent eu**	ils/elles **eurent été**

➡ Das Passé antérieur wird nur noch in der geschriebenen Sprache (Literatur) zum Ausdruck der Vorzeitigkeit verwendet.

A1 2.3 Das Futur

A1 2.3.1 Das Futur simple

Formen

Die Verben der 1. und 2. Gruppe bilden das Futur simple wie folgt:

Infinitiv + Endung des Futur simple

Endungen	**chant-er** *singen*	Endungen	**fin-ir** *beenden*
-erai	je chant**erai**	**-irai**	je fin**irai**
-eras	tu chant**eras**	**-iras**	tu fin**iras**
-era	il/elle chant**era**	**-ira**	il/elle fin**ira**
-erons	nous chant**erons**	**-irons**	nous fin**irons**
-erez	vous chant**erez**	**-irez**	vous fin**irez**
-eront	ils/elles chant**eront**	**-iront**	ils/elles fin**iront**

⚡ Achten Sie auf die Stammänderungen bei den Verben der 3. Gruppe.

Endungen	**prendre** *nehmen*	**venir** *kommen*	**pouvoir** *können/dürfen*
-rai	je prend**rai**	je **viendrai**	je **pourrai**
-ras	tu prend**ras**	tu **viendras**	tu **pourras**
-ra	il/elle prend**ra**	il/elle **viendra**	il/elle **pourra**
-rons	nous prend**rons**	nous **viendrons**	nous **pourrons**
-rez	vous prend**rez**	vous **viendrez**	vous **pourrez**
-ront	ils/elles prend**ront**	ils/elles **viendront**	ils/elles **pourront**

Das Futur simple von avoir und être wird wie folgt gebildet:

avoir *haben*	**être** *sein*
j'**aurai**	je **serai**
tu **auras**	tu **seras**
il/elle **aura**	il/elle **sera**
nous **aurons**	nous **serons**
vous **aurez**	vous **serez**
ils/elles **auront**	ils/elles **seront**

Gebrauch

Das Futur simple bezeichnet ein von der Gegenwart aus gesehenes zukünftiges Geschehen. ⚡ Im Deutschen wird statt der entsprechenden Futurform häufig das Präsens verwendet.

Je vous **appellerai** vers dix-huit heures. *Ich **rufe** Sie gegen achtzehn Uhr **an**.*

Das Futur simple steht auch im Bedingungssatz, um eine realisierbare Bedingung auszudrücken.

Si Justin est là, nous **irons** ensemble au cinéma. *Wenn Justin da ist, **gehen** wir zusammen ins Kino.*

2.3.2 Das Futur composé

A1

Formen und Gebrauch

⇄ Das Futur composé wird vor allem in der gesprochenen Sprache zur Bezeichnung unmittelbar bevorstehender Ereignisse verwendet. Es wird wie folgt gebildet:

Präsens von aller + Infinitiv

Le gâteau **va être** prêt dans cinq minutes. *Der Kuchen **wird** in fünf Minuten fertig **sein**.*

A2 2.3.3 Das Futur antérieur

Formen und Gebrauch

Das Futur antérieur wird mit dem Futur simple der Hilfsverben avoir oder être + Partizip Perfekt (PP) gebildet.

travailler *arbeiten* Hilfsverb avoir + PP (= travaillé)	**aller** *gehen* Hilfsverb être + PP (= allé)
j'**aurai travaillé**	je **serai allé(e)**
tu **auras travaillé**	tu **seras allé(e)**
il/elle **aura travaillé**	il/elle **sera allé(e)**
nous **aurons travaillé**	nous **serons allé(e)s**
vous **aurez travaillé**	vous **serez allé(e)s**
ils/elles **auront travaillé**	ils/elles **seront allé(e)s**

avoir *haben* Hilfsverb avoir + PP (= eu)	**être** *sein* Hilfsverb avoir + PP (= été)
j'**aurai eu**	j'**aurai été**
tu **auras eu**	tu **auras été**
il/elle **aura eu**	il/elle **aura été**
nous **aurons eu**	nous **aurons été**
vous **aurez eu**	vous **aurez été**
ils/elles **auront eu**	ils/elles **auront été**

Das Futur antérieur bezeichnet eine Handlung, die zu einem späteren Zeitpunkt in der Zukunft abgeschlossen sein wird. Im Deutschen wird dies meist durch das Perfekt ausgedrückt:

Quand Diane **aura fini** ses études, nous ferons un grand voyage. *Wenn Diane ihr Studium **abgeschlossen hat**, werden wir eine Fernreise unternehmen.*

A2 2.4 Der Konditional

A2 2.4.1 Der Konditional I

Formen

Ähnlich wie beim Futur simple bilden die Verben der 1. und 2. Gruppe den Konditional I wie folgt:

Infinitiv + Endung des Futur simple

Endungen	**chant-er** *singen*	Endungen	**fin-ir** *beenden*
-erais	je chant**erais**	**-irais**	je fin**irais**
-erais	tu chant**erais**	**-irais**	tu fin**irais**
-erait	il/elle chant**erait**	**-irait**	il/elle fin**irait**
-erions	nous chant**erions**	**-irions**	nous fin**irions**
-eriez	vous chant**eriez**	**-iriez**	vous fin**iriez**
-eraient	ils/elles chant**eraient**	**-iraient**	ils/elles fin**iraient**

⚡ Beachten Sie die Stammänderungen bei den Verben der 3. Gruppe.

Endungen	**prendre** *nehmen*	**venir** *kommen*	**pouvoir** *können/dürfen*
-rais	je prend**rais**	je **viendrais**	je **pourrais**
-rais	tu prend**rais**	tu **viendrais**	tu **pourrais**
-rait	il/elle prend**rait**	il/elle **viendrait**	il/elle **pourrait**
-rions	nous prend**rions**	nous **viendrions**	nous **pourrions**
-riez	vous prend**riez**	vous **viendriez**	vous **pourriez**
-raient	ils/elles prend**raient**	ils/elles **viendraient**	ils/elles **pourraient**

Der Konditional I von avoir und être wird wie folgt gebildet:

avoir *haben*	
j'**aurais**	nous **aurions**
tu **aurais**	vous **auriez**
il/elle **aurait**	ils/elles **auraient**

être *sein*	
je **serais**	nous **serions**
tu **serais**	vous **seriez**
il/elle **serait**	ils/elles **seraient**

2.4.2 Der Konditional II

B1

Formen

Der Konditional II wird mit dem Konditional I der Hilfsverben avoir *haben* oder être *sein* + Partizip Perfekt (PP) gebildet.

travailler *arbeiten* Hilfsverb avoir + PP (= travaillé)
j'**aurais travaillé**
tu **aurais travaillé**
il/elle **aurait travaillé**
nous **aurions travaillé**
vous **auriez travaillé**
ils/elles **auraient travaillé**

aller *gehen* Hilfsverb être + PP (= allé)
je **serais allé(e)**
tu **serais allé(e)**
il/elle **serait allé(e)**
nous **serions allé(e)s**
vous **seriez allé(e)s**
ils/elles **seraient allé(e)s**

Der Konditional II von avoir und être wird wie folgt gebildet:

avoir *haben* Hilfsverb avoir + PP (= eu)	**être** *sein* Hilfsverb avoir + PP (= été)
j'**aurais eu**	j'**aurais été**
tu **aurais eu**	tu **aurais été**
il/elle **aurait eu**	il/elle **aurait été**
nous **aurions eu**	nous **aurions été**
vous **auriez eu**	vous **auriez été**
ils/elles **auraient eu**	ils/elles **auraient été**

Gebrauch des Konditional I und II

Der Konditional I und der Konditional II stehen anstelle des Futurs simple und des Futurs antérieur für Handlungen, die vom Standpunkt der Vergangenheit aus in der Zukunft stattfinden werden:
Sa mère lui a promis qu'ils **iraient** à la piscine dès qu'elle **aurait terminé** son travail. *Seine Mutter hat ihm versprochen, dass sie ins Schwimmbad* ***gehen****, sobald sie ihre Arbeit* ***beendet*** *hat.*

B1 Der Konditional wird verwendet

- als Modus im Bedingungssatz:
  Si elle gagnait/avait gagné un million d'euros, Marine **achèterait/aurait acheté** un chalet à la montagne. *Wenn sie eine Million Euro gewinnen würde/gewonnen hätte,* ***würde/hätte*** *Marine eine Berghütte* ***kaufen/gekauft****.*
- zum Ausdruck der Wahrscheinlichkeit:
  Je pense qu'elle le **ferait**. *Ich denke, dass sie es* ***tun würde****.*
- zum Ausdruck eines Wunsches:
  J'aimerais bien revoir ce film. *Ich* ***würde*** *diesen Film* ***gerne*** *noch mal sehen.*
- zum Ausdruck einer nicht bestätigten Information:
  Le célèbre acteur **aurait assassiné** sa femme. *Der berühmte Schauspieler* ***soll*** *seine Frau* ***ermordet haben*** *(wörtlich:* ***hätte*** *seine Frau* ***ermordet****).*
- zum Ausdruck der Höflichkeit:
  Je **voudrais** un kilo de tomates, s'il vous plaît. *Ich* ***möchte*** *bitte ein Kilo Tomaten.*

B1 3 Der Subjonctif

Im Gegensatz zum Modus Indikativ schildert der Subjonctif keine Tatsachen, sondern subjektive Auffassungen.

3.1 Der Subjonctif Präsens

B1

Formen

Der Subjonctif Präsens wird wie folgt gebildet: Verbstamm der 3. Person Plural Indikativ Präsens + Endung des Subjonctif.

Endungen	**chanter** *singen* ils/elles chant-ent	**finir** *beenden* ils/elles finiss-ent	**conduire** *fahren* ils/elles conduis-ent
-e	que je chant**e**	que je finiss**e**	que je conduis**e**
-es	que tu chant**es**	que tu finiss**es**	que tu conduis**es**
-e	qu'il/elle chant**e**	qu'il/elle finiss**e**	qu'il/elle conduis**e**
-ions	que nous chant**ions**	que nous finiss**ions**	que nous conduis**ions**
-iez	que vous chant**iez**	que vous finiss**iez**	que vous conduis**iez**
-ent	qu'ils/elles chant**ent**	qu'ils/elles finiss**ent**	qu'ils/elles conduis**ent**

Bei einigen Verben wird der Subjonctif Präsens unregelmäßig gebildet, wie auch bei avoir und être.

avoir *haben*	**être** *sein*
que j'**aie**	que je **sois**
que tu **aies**	que tu **sois**
qu'il/elle **ait**	qu'il/elle **soit**
que nous **ayons**	que nous **soyons**
que vous **ayez**	que vous **soyez**
qu'ils/elles **aient**	qu'ils/elles **soient**

3.2 Der Subjonctif imparfait

C1

Formen und Gebrauch

Der Subjonctif imparfait wird mit dem Verb im Passé simple und den Endungen -sse, -sses, -sse, -ssions, -ssiez, -ssent gebildet:

parler: que je parla**sse**
finir: que je fini**sse**
vouloir: que je voulu**sse**
voir: que je vi**sse**

Der Subjonctif imparfait wird nur noch in der geschriebenen Sprache, und zwar in literarischen Texten, verwendet.

B2 3.3 Der Subjonctif der Vergangenheit

Formen und Gebrauch

Der Subjonctif der Vergangenheit (Passé) wird wie folgt gebildet: Hilfsverb être oder avoir im Subjonctif Präsens + PP.

acheter *kaufen*	**partir** *weggehen*
que j'**aie acheté**	que je **sois parti(e)**
que tu **aies acheté**	que tu **sois parti(e)**
qu'il/elle **ait acheté**	qu'il/elle **soit parti(e)**
que nous **ayons acheté**	que nous **soyons parti(e)s**
que vous **ayez acheté**	que vous **soyez parti(e)s**
qu'ils/elles **aient acheté**	qu'ils/elles **soient parti(e)s**

Der Subjonctif Präsens und der Subjonctif der Vergangenheit werden zumeist verwendet:

- im que-Satz
  - zum Ausdruck der Willensäußerung und der Wunschvorstellung:
    Il **veut** que j'**aille** le voir. *Er **will**, dass ich ihn **besuche**.*
    J'**aimerais** bien qu'il **fasse** beau demain. *Ich **möchte gern**, dass morgen schönes Wetter **ist**.*
  - zum Ausdruck der Pflicht:
    Il faut qu'il **apprenne** l'espagnol pour son travail. *Er **muss** für seine Arbeit Spanisch **lernen**.*
  - zum Ausdruck der Möglichkeit und des Zweifels:
    Il se peut que le train **ait** du retard. ***Es ist möglich**, dass der Zug Verspätung **hat**.*
  - zum Ausdruck der Gefühle und der Eindrücke:
    Les enfants **sont contents** que tu **sois** là. *Die Kinder **freuen sich**, dass du da **bist**.*

Bei den Verben des Sagens und Denkens, der Sicherheit und der Wahrscheinlichkeit ist der Gebrauch des Subjonctif im que-Satz nicht automatisch. Daher prägen Sie sich folgende Formeln ein:

Aussagesatz/est-ce que-Frage/Intonationsfrage + Indikativ

Il **pense** qu'elle **est** douée. *Er **denkt**, dass sie begabt **ist**.*
Est-ce qu'il **pense** qu'elle **est** douée ?/Il **pense** qu'elle **est** douée ? ***Denkt** er, dass sie begabt **ist**?*

Verneinung/Inversionsfrage + Subjonctif

Il ne pense pas qu'elle **soit** douée. *Er **denkt nicht**, dass sie begabt **ist**.*
Pense-t-il qu'elle **soit** douée ? ***Denkt** er, dass sie begabt **ist**?*

- nach manchen Konjunktionen, z. B. sans que *ohne dass*:
  Il est parti **sans qu'**elle le **sache.** *Er ist gegangen, **ohne dass** sie es **weiß**.*
- im Relativsatz, aber nur in manchen Fällen, wie z. B.:
  - zum Ausdruck einer Wunschvorstellung:
    Je **cherche un appartement qui soit** très **clair**. *Ich **suche eine Wohnung, die** sehr **hell ist**.*
  - im Falle einer Steigerung:
    C'est **le plus beau livre** que j'**aie** (jamais) **lu**. *Das ist **das schönste Buch, das** ich je **gelesen habe**.*

3.4 Der Subjonctif plus-que-parfait

C1

Formen und Gebrauch

Der Subjonctif plus-que-parfait wird mit dem Hilfsverb avoir oder être im Subjonctif imparfait und dem PP gebildet:

finir: que j'eusse fini
partir: que je fusse parti

⇄ Der Subjonctif plus-que-parfait wird nur noch in der geschriebenen Sprache, und zwar in literarischen Texten, verwendet.

4 Der Imperativ

A1

Formen und Gebrauch

ⓘ Im Französischen hat der Imperativ drei Personen: die 2. Person Singular (du-Form), die 1. Person Plural (wir-Form) und die 2. Person Plural (ihr-Form oder Sie-Form = Höflichkeitsform).
Die Formen des Imperativ Präsens richten sich in der Regel nach dem Indikativ Präsens. ⚡ Verben der 1. Gruppe, die in der 2. Person Singular im Indikativ Präsens auf -es enden, enden im Imperativ auf -e: Tu parles – Parle !

	parler *sprechen*	**finir** *beenden*	**apprendre** *lernen*
2. Person Singular	parle	finis	apprends
1. Person Plural	parlons	finissons	apprenons
2. Person Plural	parlez	finissez	apprenez

Der Imperativ von **avoir** und **être** wird so gebildet:

	avoir *haben*	**être** *sein*
2. Person Singular	aie	sois
1. Person Plural	ayons	soyons
2. Person Plural	ayez	soyez

ℹ Bei reflexiven Verben (z. B. se laver *sich waschen*) steht im verneinten Imperativ das Reflexivpronomen *vor* dem Verb: Ne **te** lave pas. *Wasch **dich** nicht!*

◐ Im bejahten Imperativ wird das unverbundene betonte Personalpronomen toi anstatt des Reflexivpronomens te verwendet: Lave-**toi.** *Wasch **dich**!*

Mit dem Imperativ werden Aufforderungen, Wünsche, Anweisungen und Ratschläge geäußert.

Appelle-le ! *Ruf ihn an!*

Amuse-toi bien ! *Viel Spaß!*

A1

5 Der Infinitiv

Formen

	Verben der 1. Gruppe	Verben der 2. Gruppe	Verben der 3. Gruppe
Infinitiv Präsens	dans**er** *tanzen*	fin**ir** *beenden*	prend**re**/ven**ir**/recev**oir** *nehmen/kommen/bekommen*
B2 **Infinitiv Perfekt**	avoir dansé	avoir fini	avoir pris/être venu/avoir reçu

Gebrauch

Der Infinitv drückt einen Befehl oder eine Anweisung aus:
Ne pas **se pencher** par la fenêtre ! *Nicht aus dem Fenster lehnen!*

Der Infinitiv wird häufig ohne Präposition verwendet:
Olivier ne **peut** pas **venir.** *Olivier kann nicht kommen.*
Il **dit avoir** raison. *Er sagt, dass er recht hat.*
Il **regardait** les enfants **jouer** dans le jardin. *Er schaute zu, wie die Kinder im Garten spielten.*

Es gibt jedoch auch zahlreiche Infinitivkonstruktionen mit Präposition:
Elle a enfin **arrêté de fumer.** *Sie hat endlich aufgehört zu rauchen.*
As-tu **pensé à acheter** du pain ? *Hast du daran gedacht, Brot zu kaufen?*

6 Das Partizip

B1

6.1 Das Partizip Perfekt

B1

Formen und Gebrauch

	Infinitiv	Partizip Perfekt
Verben der 1. Gruppe	danser *tanzen*	**dansé**
Verben der 2. Gruppe	finir *beenden*	**fini**
Verben der 3. Gruppe	faire *machen*	**fait**
	dire *sagen*	**dit**
	venir *kommen*	**venu**
	ouvrir *öffnen*	**ouvert**
	savoir *wissen*	**su**
	mettre *legen*	**mis**
	prendre *nehmen*	**pris**
Hilfsverb	être *sein*	**été**
Hilfsverb	avoir *haben*	**eu**

Das Partizip Perfekt wird zur Bildung der zusammengesetzten Zeiten als Verbform mit dem Hilfsverb avoir oder être verwendet.
Les enfants **sont allés** au cinéma. *Die Kinder **sind** ins Kino **gegangen**.*
J'**ai rencontré** Alice dans le métro. *Ich **habe** Alice in der Métro **getroffen**.*

Zur Bildung des Passivs wird das Partizip Perfekt im Französischen jedoch stets mit dem Hilfsverb être *sein* verwendet.
Son appartement **a été cambriolé**. *In seine Wohnung **wurde eingebrochen**.*

Angleichung des Partizips

Das mit avoir verbundene Partizip Perfekt ist in der Regel unveränderlich.
Claire **a acheté** des tulipes. *Claire **hat** Tulpen **gekauft**.*

Geht jedoch ein direktes Objekt dem Hilfsverb voran, so erfolgt eine Angleichung des Partizips Perfekt an das direkte Objekt.
Elle **les** (*les = les tulipes*) **a trouvées** au marché. *Sie **hat sie** auf dem Markt **gefunden**.*
Veux-tu voir **les photos** que j'**ai prises** au Brésil ? *Willst du **die Bilder** sehen, die ich in Brasilien **gemacht habe**?*

Geht jedoch en dem mit dem Hilfsverb avoir verbundenen Partizip Perfekt voraus, gibt es keine Angleichung.

Comme tu aimes les asperges, j'**en ai acheté** pour ce soir. *Da du gerne Spargel magst, **habe** ich **welchen** für heute Abend **gekauft**.*

Das mit être verbundene Partizip Perfekt stimmt immer mit dem Subjekt überein (= Accord).
Nathalie est partie en vacances. *Nathalie ist in Urlaub gegangen.*

Bei den reflexiven Verben stimmt das Partizip Perfekt mit dem vorangehenden direkten Objekt überein. Steht das direkte Objekt jedoch nach dem Verb, so ist das Partizip Perfekt unveränderlich.
Elle s'est lav**ée**. *Sie hat sich gewaschen.*
Elle s'est lav**é** les mains. *Sie hat sich die Hände gewaschen.*

Bei den ausschließlich reflexiven Verben stimmt das Partizip Perfekt mit dem Subjekt überein.
Leur chienne s'est échapp**ée**. *Ihre Hündin ist weggelaufen.*

B1

6.2 Das Partizip Präsens

Formen und Gebrauch

Das Partizip Präsens wird mit dem Verbstamm der 1. Person Plural Indikativ Präsens + Endung -ant gebildet.

	chanter *singen*	**finir** *beenden*	**prendre** *nehmen*
1. Person Plural Indikativ Präsens	nous chant-**ons**	nous finiss-**ons**	nous pren-**ons**
Partizip Präsens	chant**ant**	finiss**ant**	pren**ant**

Ausnahmen:	**être** *sein*	**avoir** *haben*	**savoir** *wissen*
Partizip Präsens	**étant**	**ayant**	**sachant**

Als infinite Verbform ist das Partizip Präsens in Person und Zahl unveränderlich. Es hat meist eine Ergänzung und steht anstelle eines Relativsatzes oder eines Adverbialsatzes.
Ayant la grippe, elle préfère rester à la maison. (= Comme elle a la grippe, …)
***Da** sie die Gripppe **hat**, bleibt sie lieber zu Hause.*

Das in manchen Fällen zum Verbaladjektiv gewordene Partizip Präsens ist in Geschlecht und Zahl hingegen veränderlich. Es hat keine Ergänzung:

des personnes **intéressantes**	*interessante Personen*
une femme **charmante**	*eine charmante Frau*

7 Das Gerund

B1

Formen und Gebrauch

Das Gerund wird aus en und dem Partizip Präsens gebildet.

	Partizip Präsens	Gerund Perfekt
chanter *singen*	chantant	**en chantant**
finir *beenden*	finissant	**en finissant**
prendre *nehmen*	prenant	**en prenant**
être *sein*	étant	**en étant**
avoir *haben*	ayant	**en ayant**
savoir *wissen*	sachant	**en sachant**

Das Gerund ist in Person und Zahl unveränderlich. Es drückt die Gleichzeitigkeit zweier Handlungen aus, die das gleiche Subjekt haben.

Il a rencontré Yves **en allant** à la pharmacie. *Er hat Yves getroffen,* ***als*** *er zur Apotheke* ***ging****.*

8 Das Passiv

B1

Formen und Gebrauch

ℹ Das Passiv ist im Französischen weniger geläufig als im Deutschen und wird oft umschrieben. Es wird mit dem Hilfsverb être *sein* in der entsprechenden Zeit und dem Partizip Perfekt gebildet.

Subjekt	Hilfsverb être	+ Partizip Perfekt	(+ Urheber)
Nous	**sommes**	**invités**	**(par nos voisins).**
Wir	*werden*	*(von unseren Nachbarn) eingeladen.*	

Der Urheber der Handlung wird meist durch die Präposition par, seltener durch de bezeichnet.

Elle a été piquée **par** une guêpe. *Sie wurde* ***von*** *einer Wespe gestochen.*

Les Pichet sont accompagnés **de** leurs amis. *Die Pichets werden* ***von*** *ihren Freunden begleitet.*

1 avoir *haben*

Musterkonjugation; Hilfsverb

Indicatif

Présent

j'	ai
tu	as
il	a
nous	avons
vous	avez
ils	ont

Passé composé

j'	ai	eu
tu	as	eu
il	a	eu
nous	avons	eu
vous	avez	eu
ils	ont	eu

Imparfait

j'	avais
tu	avais
il	avait
nous	avions
vous	aviez
ils	avaient

Plus-que-parfait

j'	avais	eu
tu	avais	eu
il	avait	eu
nous	avions	eu
vous	aviez	eu
ils	avaient	eu

Passé simple

j'	eus
tu	eus
il	eut
nous	eûmes
vous	eûtes
ils	eurent

Passé antérieur

j'	eus	eu
tu	eus	eu
il	eut	eu
nous	eûmes	eu
vous	eûtes	eu
ils	eurent	eu

Futur simple

j'	aurai
tu	auras
il	aura
nous	aurons
vous	aurez
ils	auront

Futur antérieur

j'	aurai	eu
tu	auras	eu
il	aura	eu
nous	aurons	eu
vous	aurez	eu
ils	auront	eu

Conditionnel

Présent

j'	aurais
tu	aurais
il	aurait
nous	aurions
vous	auriez
ils	auraient

Passé

j'	aurais	eu
tu	aurais	eu
il	aurait	eu
nous	aurions	eu
vous	auriez	eu
ils	auraient	eu

Subjonctif

Présent

que j'	aie
que tu	aies
qu' il	aie
que nous	ayons
que vous	ayez
qu' ils	aient

Imparfait

que j'	eusse
que tu	eusses
qu' il	eût
que nous	eussions
que vous	eussiez
qu' ils	eussent

Passé

que j'	aie	eu
que tu	aies	eu
qu' il	ait	eu
que nous	ayons	eu
que vous	ayez	eu
qu' ils	aient	eu

Plus-que-parfait

que j'	eusse	eu
que tu	eusses	eu
qu' il	eût	eu
que nous	eussions	eu
que vous	eussiez	eu
qu' ils	eussent	eu

Participe

Présent

ayant

Passé

eu(e)

Gérondif

en ayant

Impératif

aie
ayons
ayez

Infinitif passé

avoir eu

Anwendungsbeispiele

Ils **ont** une jolie maison. *Sie **haben** ein schönes Haus.*

Quel âge **as**-tu ? *Wie alt **bist** du?*

En France **il y a** environ 63 millions d'habitants. *In Frankreich **gibt es** rund 63 Millionen Einwohner.*

Tu **n'as qu'à** faire réchauffer le déjeuner. *Du **brauchst nur** das Mittagessen warm zu machen.*

Pauline **a couru à** la maison. *Pauline **ist nach** Hause **gerannt**.*

Ils **ont ri** comme des fous. *Sie **haben** wie wahnsinnig **gelacht**.*

Redewendungen

avoir faim/soif *Hunger/Durst haben*

avoir froid/chaud *mir ist kalt/warm*

avoir honte *sich schämen*

avoir de la chance *Glück haben*

avoir le droit de faire qc. *etw. tun dürfen*

avoir envie de qc. *Lust auf etw. haben*

avoir qc. à faire *etwas zu tun haben*

Ähnliche Verben

posséder *besitzen*

détenir *besitzen*

obtenir *bekommen*

disposer de *verfügen über*

Gebrauch

Das Hilfsverb avoir wird bei den meisten französischen Verben für die Bildung der zusammengesetzten Zeiten verwendet (▶ Grammatik rund ums Verb, 1.2). Dies gilt auch für manche Verben, die eine Bewegung ausdrücken:

On **a roulé** toute la nuit. *Wir **sind** die ganze Nacht **gefahren**.*

Il **a marché** très tôt. *Er ist sehr früh **losgelaufen**.*

Tipps & Tricks

Lernen Sie auch die Angleichung des Participe passé mit avoir (▶ Grammatik rund ums Verb, 6.1)!

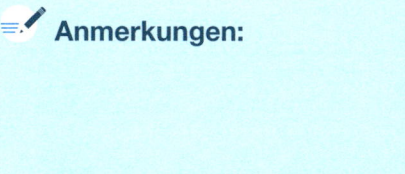

Anmerkungen:

② être *sein*

Musterkonjugation; Hilfsverb

Indicatif

Présent

je	suis
tu	es
il	est
nous	sommes
vous	êtes
ils	sont

Passé composé

j'	ai	été
tu	as	été
il	a	été
nous	avons	été
vous	avez	été
ils	ont	été

Imparfait

j'	étais
tu	étais
il	était
nous	étions
vous	étiez
ils	étaient

Plus-que-parfait

j'	avais	été
tu	avais	été
il	avait	été
nous	avions	été
vous	aviez	été
ils	avaient	été

Passé simple

je	fus
tu	fus
il	fut
nous	fûmes
vous	fûtes
ils	furent

Passé antérieur

j'	eus	été
tu	eus	été
il	eut	été
nous	eûmes	été
vous	eûtes	été
ils	eurent	été

Futur simple

je	serai
tu	seras
il	sera
nous	serons
vous	serez
ils	seront

Futur antérieur

j'	aurai	été
tu	auras	été
il	aura	été
nous	aurons	été
vous	aurez	été
ils	auront	été

Conditionnel

Présent

je	serais
tu	serais
il	serait
nous	serions
vous	seriez
ils	seraient

Passé

j'	aurais	été
tu	aurais	été
il	aurait	été
nous	aurions	été
vous	auriez	été
ils	auraient	été

Subjonctif

Présent

que je	sois
que tu	sois
qu' il	soit
que nous	soyons
que vous	soyez
qu' ils	soient

Imparfait

que je	fusse
que tu	fusses
qu' il	fût
que nous	fussions
que vous	fussiez
qu' ils	fussent

Passé

que j'	aie	été
que tu	aies	été
qu' il	ait	été
que nous	ayons	été
que vous	ayez	été
qu' ils	aient	été

Plus-que-parfait

que j'	eusse	été
que tu	eusses	été
qu' il	eût	été
que nous	eussions	été
que vous	eussiez	été
qu' ils	eussent	été

Participe

Présent

étant

Passé

été

Gérondif

en étant

Impératif

sois
soyons
soyez

Infinitif passé

avoir été

Anwendungsbeispiele

Claire **est** médecin. *Claire **ist** Ärztin.*
Il **est (parti) en** voyage. *Er **ist verreist**.*
Quel jour **sommes**-nous ? *Was für einen Tag **haben** wir?*
Je **suis d'accord** avec toi. *Ich **stimme** dir **zu**.*
C'**est à** moi. *Es **gehört** mir.*
C'**était** trop tard. *Es **war** zu spät.*
Il **était** une fois … *Es **war** einmal …*
Nous **nous sommes rencontrés** au Mexique. *Wir **haben uns** in Mexiko **getroffen**.*

Redewendungen

être Français/Allemand *Franzose/Deutscher sein*
être sympathique *sympathisch sein*
être grand/petit *groß/klein sein*
être en or *aus Gold sein*
être au travail *in der Arbeit sein*
être à vendre *zu verkaufen sein*
être en train de faire qc. *dabei zu sein, etw. zu tun*

Ähnliche Verben

exister *bestehen*
se trouver *sich befinden*
demeurer *bleiben*

Gebrauch

Mit dem Hilfsverb être werden die zusammengesetzten Zeiten der reflexiven Verben gebildet (▶ Grammatik rund ums Verb, 1.3):
Il **s'est lavé**. *Er **hat sich gewaschen**.*
Dies gilt auch für einige intransitive Verben wie:
Elle **est née** en 1999. *Sie **ist** 1999 **geboren**.*
Nous **sommes allés** au cinéma. *Wir **sind** ins Kino **gegangen**.*

Tipps & Tricks

Lernen Sie auch die Angleichung des Participe passé mit être (▶ Grammatik rund ums Verb, 6.1)!
Das Participe passé von être (été) ist übrigens unveränderlich!

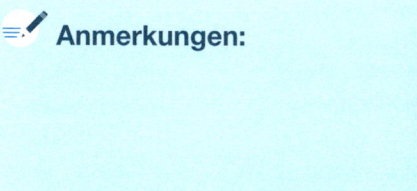

Anmerkungen:

3 s'asseoir *sich hinsetzen*

Musterkonjugation; Reflexives Verb

Indicatif

Présent

je	**m'**assieds
tu	**t'**assieds
il	**s'**assied
nous	**nous** asseyons
vous	**vous** asseyez
ils	**s'**asseyent

Passé composé

je	**me suis**	**assis**
tu	**t'es**	**assis**
il	**s'est**	**assis**
nous	**nous sommes**	**assis**
vous	**vous êtes**	**assis**
ils	**se sont**	**assis**

Imparfait

je	**m'**asseyais
tu	**t'**asseyais
il	**s'**asseyait
nous	**nous** asseyions
vous	**vous** asseyiez
ils	**s'**asseyaient

Plus-que-parfait

je	**m'étais**	**assis**
tu	**t'étais**	**assis**
il	**s'était**	**assis**
nous	**nous étions**	**assis**
vous	**vous étiez**	**assis**
ils	**s'étaient**	**assis**

Passé simple

je	**m'**assis
tu	**t'**assis
il	**s'**assit
nous	**nous** assîmes
vous	**vous** assîtes
ils	**s'**assirent

Passé antérieur

je	**me fus**	**assis**
tu	**te fus**	**assis**
il	**se fut**	**assis**
nous	**nous fûmes**	**assis**
vous	**vous fûtes**	**assis**
ils	**se furent**	**assis**

Futur simple

je	**m'**assiérai
tu	**t'**assiéras
il	**s'**assiéra
nous	**nous** assiérons
vous	**vous** assiérez
ils	**s'**assiéront

Futur antérieur

je	**me**	**serai**	**assis**
tu	**te**	**seras**	**assis**
il	**se**	**sera**	**assis**
nous	**nous**	**serons**	**assis**
vous	**vous**	**serez**	**assis**
ils	**se**	**seront**	**assis**

Conditionnel

Présent

je	**m'**assiérais
tu	**t'**assiérais
il	**s'**assiérait
nous	**nous** assiérions
vous	**vous** assiériez
ils	**s'**assiéraient

Passé

je	**me serais**	**assis**
tu	**te serais**	**assis**
il	**se serait**	**assis**
nous	**nous serions**	**assis**
vous	**vous seriez**	**assis**
ils	**se seraient**	**assis**

Subjonctif

Présent

que je	**m'**asseye
que tu	**t'**asseyes
qu' il	**s'**asseye
que nous	**nous** asseyions
que vous	**vous** asseyiez
qu' ils	**s'**asseyent

Imparfait

que je	**m'**assisse
que tu	**t'**assisses
qu' il	**s'**assît
que nous	**nous** assissions
que vous	**vous** assissiez
qu' ils	**s'**assissent

Passé

que je	**me sois**	**assis**
que tu	**te sois**	**assis**
qu' il	**se soit**	**assis**
que nous	**nous soyons**	**assis**
que vous	**vous soyez**	**assis**
qu' ils	**se soient**	**assis**

Plus-que-parfait

que je	**me fusse**	**assis**
que tu	**te fusses**	**assis**
qu' il	**se fût**	**assis**
que nous	**nous fussions**	**assis**
que vous	**vous fussiez**	**assis**
qu' ils	**se fussent**	**assis**

Participe

Présent

s'asseyant

Passé

assis(e)

Gérondif

en **s'**asseyant

Impératif

assieds-**toi**
asseyons-**nous**
asseyez-**vous**

Infinitif passé

s'être assis

Anwendungsbeispiele

Asseyez-vous donc ! *Setzen **Sie sich** doch!*
Je **vais m'asseoir dans** ce fauteuil. *Ich **werde mich** in diesen Sessel **setzen**.*
Les enfants **se sont assis par** terre. *Die Kinder **haben sich auf** den Boden **gesetzt**.*
Chacun **s'assied à** sa place. *Jeder **setzt sich auf** seinen Platz.*
Il n'y a rien pour **s'asseoir**. *Man kann sich nirgendwo **hinsetzen**.*
Je l'**ai fait asseoir**. *Ich **habe** ihm **einen Stuhl angeboten**.*

Witz

Deux anges s'entretiennent dans le ciel.
Le premier demande : « Quel temps fera-t-il demain ? »
Le second répond : « Nuageux. »
« Ah, tant mieux » conclut le premier, « on pourra enfin **s'asseoir** ! »

Andere Verben

se lever *aufstehen*
s'allonger *sich hinlegen*

Gebrauch

Wie alle französischen reflexiven Verben bildet s'asseoir die zusammengesetzten Zeiten mit dem Hilfsverb être (▶ Grammatik rund ums Verb, 1.3):
Il **s'étaient assis** en tailleur sur le tapis. *Sie **hatten sich** im Schneidersitz auf den Teppich **gesetzt**.*
Das Verb s'asseoir hat außer im Passé simple, im Subjonctif imparfait, Participe passé und in den zusammengesetzten Zeiten eine zweite Konjugationsform auf -ssoi (je m'assois, tu t'assois, il s'assoit, ils s'assoient) bzw. -ssoy (nous nous assoyons, vous vous assoyez). Im Allgemeinen wird diese zweite Konjugation seltener verwendet und gehört eher der gesprochenen bzw. Umgangssprache an. Die drei Singularformen je m'assois, tu t'assois, il s'assoit im Indicatif présent sind jedoch geläufig.

Anmerkungen:

4 être présenté *vorgestellt werden*

Musterkonjugation; Passiv

Indicatif

Présent

je	**suis**	**présenté**
tu	**es**	**présenté**
il	**est**	**présenté**
nous	**sommes**	**présentés**
vous	**êtes**	**présentés**
ils	**sont**	**présentés**

Passé composé

j'	**ai**	**été présenté**
tu	**as**	**été présenté**
il	**a**	**été présenté**
nous	**avons**	**été présentés**
vous	**avez**	**été présentés**
ils	**ont**	**été présentés**

Imparfait

j'	**étais**	**présenté**
tu	**étais**	**présenté**
il	**était**	**présenté**
nous	**étions**	**présentés**
vous	**étiez**	**présentés**
ils	**étaient**	**présentés**

Plus-que-parfait

j'	**avais**	**été présenté**
tu	**avais**	**été présenté**
il	**avait**	**été présenté**
nous	**avions**	**été présentés**
vous	**aviez**	**été présentés**
ils	**avaient**	**été présentés**

Passé simple

je	**fus**	**présenté**
tu	**fus**	**présenté**
il	**fut**	**présenté**
nous	**fûmes**	**présentés**
vous	**fûtes**	**présentés**
ils	**furent**	**présentés**

Passé antérieur

j'	**eus**	**été présenté**
tu	**eus**	**été présenté**
il	**eut**	**été présenté**
nous	**eûmes**	**été présentés**
vous	**eûtes**	**été présentés**
ils	**eurent**	**été présentés**

Futur simple

je	**serai**	**présenté**
tu	**seras**	**présenté**
il	**sera**	**présenté**
nous	**serons**	**présentés**
vous	**serez**	**présentés**
ils	**seront**	**présentés**

Futur antérieur

j'	**aurai**	**été présenté**
tu	**auras**	**été présenté**
il	**aura**	**été présenté**
nous	**aurons**	**été présentés**
vous	**aurez**	**été présentés**
ils	**auront**	**été présentés**

Conditionnel

Présent

je	**serais**	**présenté**
tu	**serais**	**présenté**
il	**serait**	**présenté**
nous	**serions**	**présentés**
vous	**seriez**	**présentés**
ils	**seraient**	**présentés**

Passé

j'	**aurais**	**été présenté**
tu	**aurais**	**été présenté**
il	**aurait**	**été présenté**
nous	**aurions**	**été présentés**
vous	**auriez**	**été présentés**
ils	**auraient**	**été présentés**

Subjonctif

Présent

que je	**sois**	**présenté**
que tu	**sois**	**présenté**
qu' il	**soit**	**présenté**
que nous	**soyons**	**présentés**
que vous	**soyez**	**présentés**
qu' ils	**soient**	**présentés**

Imparfait

que je	**fusse**	**présenté**
que tu	**fusses**	**présenté**
qu' il	**fût**	**présenté**
que nous	**fussions**	**présentés**
que vous	**fussiez**	**présentés**
qu' ils	**fussent**	**présentés**

Passé

que j'	**aie**	**été présenté**
que tu	**aies**	**été présenté**
qu' il	**ait**	**été présenté**
que nous	**ayons**	**été présentés**
que vous	**ayez**	**été présentés**
qu' ils	**aient**	**été présentés**

Plus-que-parfait

que j'	**eusse**	**été présenté**
que tu	**eusses**	**été présenté**
qu' il	**eût**	**été présenté**
que nous	**eussions**	**été présentés**
que vous	**eussiez**	**été présentés**
qu' ils	**eussent**	**été présentés**

Participe

Présent

étant présenté

Passé

ayant **été présenté(e)**

Gérondif

en **étant présenté**

Impératif

sois présenté
soyons présentés
soyez présentés

Infinitif passé

avoir **été présenté**

Anwendungsbeispiele

Cet artiste m'**a été présenté par** mon frère. *Dieser Künstler **wurde** mir **von** meinem Bruder **vorgestellt**.*
Ce film **sera présenté au** festival de Cannes. *Dieser Film **wird auf dem** Festival in Cannes **vorgestellt**.*
Les nouveaux modèles **ont été présentés au** défilé. *Die neuen Modelle **sind auf** der Modenschau **präsentiert worden**.*
Les informations **sont présentées par** une nouvelle journaliste. *Die Nachrichten **werden von** einer neuen Journalistin **moderiert**.*
Cette actrice **a** longtemps **été présentée dans** la presse **comme** une star. *Diese Schauspielerin **galt in** der Presse lange **als** Star.*

Witz

Un homme va dans un magasin à la recherche d'un lit très solide.
Plusieurs modèles lui **sont présentés**. Le vendeur fort étonné lui dit :
« Pourtant, vous n'êtes pas si gros, monsieur. »
« Non », répond-il « mais j'ai le sommeil lourd ! »

Ähnliche Verben

être montré *gezeigt werden*
être exposé *gezeigt/dargelegt werden*
être expliqué *erklärt werden*
être développé *ausgeführt werden*
être décrit *beschrieben werden*

Gebrauch

Das Passiv wird im Französischen mit dem Hilfsverb être gebildet. Der Urheber der Handlung wird meistens mit der Präposition par angeführt (▶ Grammatik rund ums Verb, 8):
Ce rapport **a été présenté** hier **par** la direction. *Dieser Bericht **wurde** gestern **vom** Vorstand **präsentiert**.*

Anmerkungen:

5 parler *sprechen*

Musterkonjugation;
Regelmäßiges Verb der 1. Gruppe auf **-er**

Indicatif

Présent

je	parl**e**
tu	parl**es**
il	parl**e**
nous	parl**ons**
vous	parl**ez**
ils	parl**ent**

Passé composé

j'	ai	parlé
tu	as	parlé
il	a	parlé
nous	avons	parlé
vous	avez	parlé
ils	ont	parlé

Imparfait

je	parl**ais**
tu	parl**ais**
il	parl**ait**
nous	parl**ions**
vous	parl**iez**
ils	parl**aient**

Plus-que-parfait

j'	avais	parlé
tu	avais	parlé
il	avait	parlé
nous	avions	parlé
vous	aviez	parlé
ils	avaient	parlé

Passé simple

je	parl**ai**
tu	parl**as**
il	parl**a**
nous	parl**âmes**
vous	parl**âtes**
ils	parl**èrent**

Passé antérieur

j'	eus	parlé
tu	eus	parlé
il	eut	parlé
nous	eûmes	parlé
vous	eûtes	parlé
ils	eurent	parlé

Futur simple

je	parl**erai**
tu	parl**eras**
il	parl**era**
nous	parl**erons**
vous	parl**erez**
ils	parl**eront**

Futur antérieur

j'	aurai	parlé
tu	auras	parlé
il	aura	parlé
nous	aurons	parlé
vous	aurez	parlé
ils	auront	parlé

Conditionnel

Présent

je	parl**erais**
tu	parl**erais**
il	parl**erait**
nous	parl**erions**
vous	parl**eriez**
ils	parl**eraient**

Passé

j'	aurais	parlé
tu	aurais	parlé
il	aurait	parlé
nous	aurions	parlé
vous	auriez	parlé
ils	auraient	parlé

Subjonctif

Présent

que je	parl**e**
que tu	parl**es**
qu' il	parl**e**
que nous	parl**ions**
que vous	parl**iez**
qu' ils	parl**ent**

Imparfait

que je	parl**asse**
que tu	parl**asses**
qu' il	parl**ât**
que nous	parl**assions**
que vous	parl**assiez**
qu' ils	parl**assent**

Passé

que j'	aie	parlé
que tu	aies	parlé
qu' il	ait	parlé
que nous	ayons	parlé
que vous	ayez	parlé
qu' ils	aient	parlé

Plus-que-parfait

que j'	eusse	parlé
que tu	eusses	parlé
qu' il	eût	parlé
que nous	eussions	parlé
que vous	eussiez	parlé
qu' ils	eussent	parlé

Participe

Présent

parl**ant**

Passé

parl**é**(e)

Gérondif

en parl**ant**

Impératif

parl**e**
parl**ons**
parl**ez**

Infinitif passé

avoir parlé

Anwendungsbeispiele

Nous **avons parlé** longuement. *Wir haben **uns** lange **unterhalten**.*
J'**ai parlé à** Vincent. *Ich **habe mit** Vincent **gesprochen**.*
Il n'ose pas lui **parler.** *Er traut sich nicht, **mit** ihr **zu reden**.*
Elle voulait te **parler de** son travail/ses enfants. *Sie wollte dir **von** ihrer Arbeit/ihren Kindern **erzählen**.*
Vous **parlez** français ? ***Sprechen** Sie Französisch?*
Ils ne **se parlent** plus. *Sie **sprechen** nicht mehr **miteinander**.*
Parlons peu mais parlons bien ! ***Fassen** wir uns kurz!*
Tu **parles** ! *Von wegen!*

Redewendungen

parler politique *politisieren*
parler métier *fachsimpeln*
parler anglais *Englisch sprechen*
parler pour ne rien dire *reden um des Redens willen*
parler de la pluie et du beau temps *von Gott und der Welt erzählen*
venir à parler de qc. *auf etw. zu sprechen kommen*

Ähnliche Verben

dire *sagen*
bavarder *schwatzen/plaudern*
discuter *sich unterhalten*
s'exprimer *sich ausdrücken*
mentionner *erwähnen*

Gebrauch

Das Verb parler steht hier als Musterkonjugation für die regelmäßigen Verben der 1. Gruppe auf -er (Grammatik rund ums Verb, 1.1). Da die meisten französischen Verben der 1. Gruppe angehören, lohnt es sich, diese Konjugationen gründlich zu erlernen!

Anmerkungen:

6 finir *beenden*

Musterkonjugation;
Regelmäßiges Verb der 2. Gruppe auf -ir

Indicatif

Présent

je	fin**is**
tu	fin**is**
il	fin**it**
nous	fin**issons**
vous	fin**issez**
ils	fin**issent**

Passé composé

j'	ai	fini
tu	as	fini
il	a	fini
nous	avons	fini
vous	avez	fini
ils	ont	fini

Imparfait

je	fin**issais**
tu	fin**issais**
il	fin**issait**
nous	fin**issions**
vous	fin**issiez**
ils	fin**issaient**

Plus-que-parfait

j'	avais	fini
tu	avais	fini
il	avait	fini
nous	avions	fini
vous	aviez	fini
ils	avaient	fini

Passé simple

je	fin**is**
tu	fin**is**
il	fin**it**
nous	fin**îmes**
vous	fin**îtes**
ils	fin**irent**

Passé antérieur

j'	eus	fini
tu	eus	fini
il	eut	fini
nous	eûmes	fini
vous	eûtes	fini
ils	eurent	fini

Futur simple

je	fin**irai**
tu	fin**iras**
il	fin**ira**
nous	fin**irons**
vous	fin**irez**
ils	fin**iront**

Futur antérieur

j'	aurai	fini
tu	auras	fini
il	aura	fini
nous	aurons	fini
vous	aurez	fini
ils	auront	fini

Conditionnel

Présent

je	fin**irais**
tu	fin**irais**
il	fin**irait**
nous	fin**irions**
vous	fin**iriez**
ils	fin**iraient**

Passé

j'	aurais	fini
tu	aurais	fini
il	aurait	fini
nous	aurions	fini
vous	auriez	fini
ils	auraient	fini

Subjonctif

Présent

que je	fin**isse**
que tu	fin**isses**
qu' il	fin**isse**
que nous	fin**issions**
que vous	fin**issiez**
qu' ils	fin**issent**

Imparfait

que je	fin**isse**
que tu	fin**isses**
qu' il	fin**ît**
que nous	fin**issions**
que vous	fin**issiez**
qu' ils	fin**issent**

Passé

que j'	aie	fini
que tu	aies	fini
qu' il	ait	fini
que nous	ayons	fini
que vous	ayez	fini
qu' ils	aient	fini

Plus-que-parfait

que j'	eusse	fini
que tu	eusses	fini
qu' il	eût	fini
que nous	eussions	fini
que vous	eussiez	fini
qu' ils	eussent	fini

Participe

Présent

fin**issant**

Passé

fini(e)

Gérondif

en finissant

Impératif

fin**is**
fin**issons**
fin**issez**

Infinitif passé

avoir fini

Anwendungsbeispiele

Les enfants n'**ont** pas **fini de** faire leurs devoirs. *Die Kinder **haben** ihre Hausaufgaben noch nicht **zu Ende gemacht**.*
Elle **a fini par** accepter. ***Schließlich hat** sie doch akzeptiert.*
Il **a fini comme** directeur. ***Schließlich ist** er Direktor **geworden**.*
Il **n'en finit pas de** se préparer. *Er **findet kein Ende** bei seinen Vorbereitungen.*
J'en **ai fini avec** lui. *Ich **bin mit** ihm **fertig**.*
Tu **as fini**, oui ? ***Hörst** du **endlich auf**?*
Finissons-en ! *Lasst uns **zum Ende kommen**!*
Ce discours **n'en finit pas**. *Diese Rede **nimmt kein Ende**.*

Redewendungen

finir dans la misère *in Armut sterben*
finir bien/mal *gut/schlecht ausgehen*
mal finir *ein schlimmes Ende nehmen*
finir ses jours à la campagne *seinen Lebensabend auf dem Land verbringen*
finir de boire/manger *fertig trinken/essen*

Ähnliche Verben

achever *beenden*
terminer *beenden*
arrêter *aufhören*
cesser *aufhören*
définir *beschreiben/festlegen*

Aufgepasst!

Als Musterverb der 2. Gruppe auf -ir endet finir in der 1. Person des Indicatif présent auf -is und im Participe présent auf -issant (▶ Grammatik rund ums Verb, 1.1).
Achten Sie bitte auch auf die Stammänderung -iss in einigen konjugierten Formen:
Il faut que je fin**iss**e mon travail. *Ich muss meine Arbeit **fertig machen**.*

Tipps & Tricks

Die Verben avertir *warnen*, éblouir *blenden*, fournir *versorgen*, investir *investieren*, nourrir *ernähren/füttern*, punir *bestrafen* und réagir *reagieren* haben das gleiche Konjugationsmuster (▶ Alphabetische Verbliste).

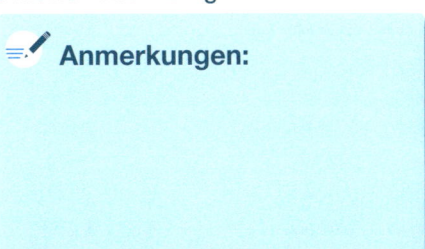

Anmerkungen:

7 courir *laufen*

Musterkonjugation;
Unregelmäßiges Verb der 3. Gruppe auf **-ir**

Indicatif

Présent

je	cours
tu	cours
il	court
nous	courons
vous	courez
ils	courent

Passé composé

j'	ai	couru
tu	as	couru
il	a	couru
nous	avons	couru
vous	avez	couru
ils	ont	couru

Imparfait

je	courais
tu	courais
il	courait
nous	courions
vous	couriez
ils	couraient

Plus-que-parfait

j'	avais	couru
tu	avais	couru
il	avait	couru
nous	avions	couru
vous	aviez	couru
ils	avaient	couru

Passé simple

je	courus
tu	courus
il	courut
nous	courûmes
vous	courûtes
ils	coururent

Passé antérieur

j'	eus	couru
tu	eus	couru
il	eut	couru
nous	eûmes	couru
vous	eûtes	couru
ils	eurent	couru

Futur simple

je	courrai
tu	courras
il	courra
nous	courrons
vous	courrez
ils	courront

Futur antérieur

j'	aurai	couru
tu	auras	couru
il	aura	couru
nous	aurons	couru
vous	aurez	couru
ils	auront	couru

Conditionnel

Présent

je	courrais
tu	courrais
il	courrait
nous	courrions
vous	courriez
ils	courraient

Passé

j'	aurais	couru
tu	aurais	couru
il	aurait	couru
nous	aurions	couru
vous	auriez	couru
ils	auraient	couru

Subjonctif

Présent

que je	coure
que tu	coures
qu' il	coure
que nous	courions
que vous	couriez
qu' ils	courent

Imparfait

que je	courusse
que tu	courusses
qu' il	courût
que nous	courussions
que vous	courussiez
qu' ils	courussent

Passé

que j'	aie	couru
que tu	aies	couru
qu' il	ait	couru
que nous	ayons	couru
que vous	ayez	couru
qu' ils	aient	couru

Plus-que-parfait

que j'	eusse	couru
que tu	eusses	couru
qu' il	eût	couru
que nous	eussions	couru
que vous	eussiez	couru
qu' ils	eussent	couru

Participe

Présent

courant

Passé

couru(e)

Gérondif

en courant

Impératif

cours
courons
courez

Infinitif passé

avoir couru

Anwendungsbeispiele

Paul **court au devant** de sa mère. *Paul **läuft vor** seiner Mutter her.*
Je **cours à** la pharmacie. *Ich **gehe** schnell **zur** Apotheke.*
Il **court** chercher du pain. *Er **geht** schnell Brot holen.*
Elle prend toujours son petit-déjeuner **en courant**. *Sie frühstückt immer **in Eile**.*
Le voleur **court** toujours. *Der Dieb **läuft** immer noch **frei rum**.*
Les enfants **se courent après** dans la cour de l'école. *Die Kinder **rennen** im Schulhof **hintereinander her**.*
Le bruit **court qu'**il y aurait bientôt des licenciements. *Es **heißt, dass** es bald Entlassungen geben wird.*

Sprichwörter

Il faut hurler avec les loups, si l'on veut **courir** avec eux. *Man muss mit den Wölfen heulen.*
Il ne faut pas **courir** deux lièvres à la fois. *Man kann nicht auf zwei Hochzeiten gleichzeitig tanzen.*
Il vaut mieux tenir que **courir**. *Besitz ist besser als Hoffnung.*

Ähnliche Verben

filer *losgehen/schnell gehen*
se dépêcher *sich beeilen*
se hâter *sich beeilen*
se propager *im Umlauf sein*
accourir *angelaufen kommen*
parcourir *durchlaufen*
recourir *anwenden/zurückgreifen*
secourir *zu Hilfe kommen*

Gebrauch

Das Verb courir steht hier als Musterkonjugation der unregelmäßigen Verben der 3. Gruppe auf -ir ohne Stammänderung (▶ Grammatik rund ums Verb, 1.1). Achten Sie bitte darauf, dass courir in den zusammengesetzten Zeiten mit dem Hilfsverb avoir gebildet wird:
Elle **a couru** à toute vitesse. *Sie **ist** sehr schnell **gelaufen**.*

Tipps & Tricks

Die Verben accourir *angelaufen kommen*, encourir *sich aussetzen*, parcourir *durchlaufen*, recourir *anwenden* und secourir *zu Hilfe kommen* haben das gleiche Konjugationsmuster (▶ Alphabetische Verbliste).

Anmerkungen:

8 rompre *brechen*

Musterkonjugation;
Unregelmäßiges Verb der 3. Gruppe auf -re

Indicatif

Présent

je	romp**s**
tu	romp**s**
il	romp**t**
nous	romp**ons**
vous	romp**ez**
ils	romp**ent**

Passé composé

j'	ai	rompu
tu	as	rompu
il	a	rompu
nous	avons	rompu
vous	avez	rompu
ils	ont	rompu

Imparfait

je	romp**ais**
tu	romp**ais**
il	romp**ait**
nous	romp**ions**
vous	romp**iez**
ils	romp**aient**

Plus-que-parfait

j'	avais	rompu
tu	avais	rompu
il	avait	rompu
nous	avions	rompu
vous	aviez	rompu
ils	avaient	rompu

Passé simple

je	romp**is**
tu	romp**is**
il	romp**it**
nous	romp**îmes**
vous	romp**îtes**
ils	romp**irent**

Passé antérieur

j'	eus	rompu
tu	eus	rompu
il	eut	rompu
nous	eûmes	rompu
vous	eûtes	rompu
ils	eurent	rompu

Futur simple

je	romp**rai**
tu	romp**ras**
il	romp**ra**
nous	romp**rons**
vous	romp**rez**
ils	romp**ront**

Futur antérieur

j'	aurai	rompu
tu	auras	rompu
il	aura	rompu
nous	aurons	rompu
vous	aurez	rompu
ils	auront	rompu

Conditionnel

Présent

je	romp**rais**
tu	romp**rais**
il	romp**rait**
nous	romp**rions**
vous	romp**riez**
ils	romp**raient**

Passé

j'	aurais	rompu
tu	aurais	rompu
il	aurait	rompu
nous	aurions	rompu
vous	auriez	rompu
ils	auraient	rompu

Subjonctif

Présent

que je	romp**e**
que tu	romp**es**
qu' il	romp**e**
que nous	romp**ions**
que vous	romp**iez**
qu' ils	romp**ent**

Imparfait

que je	romp**isse**
que tu	romp**isses**
qu' il	romp**ît**
que nous	romp**issions**
que vous	romp**issiez**
qu' ils	romp**issent**

Passé

que j'	aie	rompu
que tu	aies	rompu
qu' il	ait	rompu
que nous	ayons	rompu
que vous	ayez	rompu
qu' ils	aient	rompu

Plus-que-parfait

que j'	eusse	rompu
que tu	eusses	rompu
qu' il	eût	rompu
que nous	eussions	rompu
que vous	eussiez	rompu
qu' ils	eussent	rompu

Participe

Présent

romp**ant**

Passé

romp**u**(e)

Gérondif

en romp**ant**

Impératif

romp**s**
romp**ons**
romp**ez**

Infinitif passé

avoir rompu

Anwendungsbeispiele

Un coup de vent **a rompu** le mat du bateau. *Ein Windstoß **hat** den Mast des Bootes **gebrochen**.*

La branche du vieil arbre **a rompu**. *Der Ast des alten Baums **ist abgebrochen**.*

La corde **s'était rompue**. *Das Seil **war gerissen**.*

Il **a rompu** ses fiançailles. *Er **hat** seine Verlobung **aufgelöst**.*

Guillaume **a rompu avec** Julie. *Guillaume **hat mit** Julie **Schluss gemacht**.*

Ce pays **a rompu** ses relations diplomatiques **avec** la France. *Dieses Land **hat** seine diplomatischen Beziehungen **mit** Frankreich **abgebrochen**.*

Son mari **est rompu aux** affaires. *Ihr Mann **ist** besonders geschäfts**tüchtig**.*

Redewendungen

rompre la glace *das Eis brechen*

rompre le silence *das Schweigen brechen*

rompre avec son passé *unter seine Vergangenheit einen Strich ziehen*

applaudir à tout rompre *tosenden Beifall spenden*

se rompre le cou *sich den Hals brechen*

rompre à l'amiable *im Guten auseinandergehen*

Ähnliche Verben

briser *zerbrechen*

casser *zerbrechen*

annuler *absagen*

se quitter *sich verlassen*

se séparer *sich trennen*

interrompre *unterbrechen*

corrompre *bestechen*

Gebrauch

Das Verb rompre steht hier als Musterkonjugation für die unregelmäßigen Verben der 3. Gruppe auf -re (▶ Grammatik rund ums Verb, 1.1). Anders als rendre wird rompre in der 3. Person Singular mit einem unhörbaren -t geschrieben:

Elle rompt. *Sie **bricht**.*

Tipps & Tricks

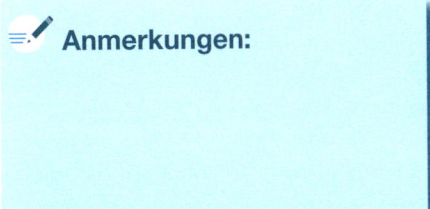

Die Verben corrompre *bestechen* und interrompre *unterbrechen* werden nach dem gleichen Konjugationsmuster konjugiert (▶ Alphabetische Verbliste).

Anmerkungen:

9 savoir *wissen*

Musterkonjugation;
Unregelmäßiges Verb der 3. Gruppe auf -oir

Indicatif

Présent

je	sais
tu	sais
il	sait
nous	savons
vous	savez
ils	savent

Passé composé

j'	ai	su
tu	as	su
il	a	su
nous	avons	su
vous	avez	su
ils	ont	su

Imparfait

je	savais
tu	savais
il	savait
nous	savions
vous	saviez
ils	savaient

Plus-que-parfait

j'	avais	su
tu	avais	su
il	avait	su
nous	avions	su
vous	aviez	su
ils	avaient	su

Passé simple

je	sus
tu	sus
il	sut
nous	sûmes
vous	sûtes
ils	surent

Passé antérieur

j'	eus	su
tu	eus	su
il	eut	su
nous	eûmes	su
vous	eûtes	su
ils	eurent	su

Futur simple

je	saurai
tu	sauras
il	saura
nous	saurons
vous	saurez
ils	sauront

Futur antérieur

j'	aurai	su
tu	auras	su
il	aura	su
nous	aurons	su
vous	aurez	su
ils	auront	su

Conditionnel

Présent

je	saurais
tu	saurais
il	saurait
nous	saurions
vous	sauriez
ils	sauraient

Passé

j'	aurais	su
tu	aurais	su
il	aurait	su
nous	aurions	su
vous	auriez	su
ils	auraient	su

Subjonctif

Présent

que je	sache
que tu	saches
qu' il	sache
que nous	sachions
que vous	sachiez
qu' ils	sachent

Imparfait

que je	susse
que tu	susses
qu' il	sût
que nous	sussions
que vous	sussiez
qu' ils	sussent

Passé

que j'	aie	su
que tu	aies	su
qu' il	ait	su
que nous	ayons	su
que vous	ayez	su
qu' ils	aient	su

Plus-que-parfait

que j'	eusse	su
que tu	eusses	su
qu' il	eût	su
que nous	eussions	su
que vous	eussiez	su
qu' ils	eussent	su

Participe

Présent

sachant

Passé

su(e)

Gérondif

en sachant

Impératif

sache
sachons
sachez

Infinitif passé

avoir su

Anwendungsbeispiele

Je ne **sais** pas ton nom. *Ich **kenne** deinen Namen nicht.*
A cinq ans, il **savait** déjà lire. *Mit fünf **konnte** er schon lesen.*
Tu **sais bien que** je n'aime pas le poisson. *Du **weißt doch, dass** ich keinen Fisch mag.*
Savez-vous où j'habite ? ***Wissen** Sie, wo ich wohne?*
Elle n'**en sait** rien. ***Davon weiß** sie nichts.*
Elle **ne sait pas** jouer au tennis. *Sie **kann nicht** Tennis spielen.*
Vous me ferez **savoir** si vous pouvez venir. *Lassen Sie mich bitte **wissen**, ob Sie kommen können.*
Que je **sache**, ce n'est pas lui qui décide. *Soweit ich **weiß**, entscheidet nicht er.*
Il **se sait** malade. *Er **weiß, dass** er krank ist.*
Ici, tout **se sait**. *Hier **weiß** jeder alles.*

Witz

Deux charmants asticots se retrouvent dans une pomme. L'un aborde l'autre : « Tiens, je ne **savais** pas que vous habitiez le quartier ! »

Ähnliche Verben

connaître *kennen*
apprendre *erfahren/lernen*
pouvoir *können*
être capable de faire qc. *befähigt sein, etw. zu tun*

Gebrauch

Mit savoir lernen Sie die Konjugation der Verben der 3. Gruppe auf -oir, wobei diese Verben besonders unregelmäßige Formen aufweisen (▶ Grammatik rund ums Verb, 1.1).
Beachten Sie bitte, dass savoir que mit dem Indikativ gebildet wird:
Je **sais que** tu **es** heureux. *Ich **weiß**, **dass** du glücklich **bist**.*

Tipps & Tricks

Zur gleichen Wortfamilie gehören auch le savoir *das Wissen*, le savant *der Gelehrte*, le savoir-vivre *die Lebensart*, le savoir-faire *das Know-how*.

Anmerkungen:

10 acheter *kaufen*

-e → -è vor stummer Silbe

Indicatif

Présent		Passé composé		
j'	achète	j'	ai	acheté
tu	achètes	tu	as	acheté
il	achète	il	a	acheté
nous	achetons	nous	avons	acheté
vous	achetez	vous	avez	acheté
ils	achètent	ils	ont	acheté

Imparfait		Plus-que-parfait		
j'	achetais	j'	avais	acheté
tu	achetais	tu	avais	acheté
il	achetait	il	avait	acheté
nous	achetions	nous	avions	acheté
vous	achetiez	vous	aviez	acheté
ils	achetaient	ils	avaient	acheté

Passé simple		Passé antérieur		
j'	achetai	j'	eus	acheté
tu	achetas	tu	eus	acheté
il	acheta	il	eut	acheté
nous	achetâmes	nous	eûmes	acheté
vous	achetâtes	vous	eûtes	acheté
ils	achetèrent	ils	eurent	acheté

Futur simple		Futur antérieur		
j'	achèterai	j'	aurai	acheté
tu	achèteras	tu	auras	acheté
il	achètera	il	aura	acheté
nous	achèterons	nous	aurons	acheté
vous	achèterez	vous	aurez	acheté
ils	achèteront	ils	auront	acheté

Conditionnel

Présent		Passé		
j'	achèterais	j'	aurais	acheté
tu	achèterais	tu	aurais	acheté
il	achèterait	il	aurait	acheté
nous	achèterions	nous	aurions	acheté
vous	achèteriez	vous	auriez	acheté
ils	achèteraient	ils	auraient	acheté

Subjonctif

Présent

que j'	achète
que tu	achètes
qu' il	achète
que nous	achetions
que vous	achetiez
qu' ils	achètent

Imparfait

que j'	achetasse
que tu	achetasses
qu' il	achetât
que nous	achetassions
que vous	achetassiez
qu' ils	achetassent

Passé

que j'	aie	acheté
que tu	aies	acheté
qu' il	ait	acheté
que nous	ayons	acheté
que vous	ayez	acheté
qu' ils	aient	acheté

Plus-que-parfait

que j'	eusse	acheté
que tu	eusses	acheté
qu' il	eût	acheté
que nous	eussions	acheté
que vous	eussiez	acheté
qu' ils	eussent	acheté

Participe

Présent

achetant

Passé

acheté(e)

Gérondif

en achetant

Impératif

achète
achetons
achetez

Infinitif passé

avoir acheté

Anwendungsbeispiele

J'**ai acheté** des soles à la poissonnerie. *Ich **habe** Seezungen im Fischgeschäft **gekauft**.*
Il **a acheté** des fleurs **à** Clémence. *Er **hat** Clémence Blumen **gekauft**.*
Ils **se sont acheté** un appartement. *Sie **haben sich** eine Wohnung **gekauft**.*
Combien l'**as**-tu **acheté** ? *Wie viel **hast** du dafür **bezahlt**?*
Nous lui **avons acheté** sa voiture. *Wir **haben** ihm sein Auto **gekauft**.*
Avec de l'argent, tout **s'achète**. *Mit Geld kann man alles **kaufen**.*

Redewendungen

(ne pas) se laisser acheter *sich (nicht) kaufen lassen*
acheter le silence de qn. *sich von jdm. das Schweigen erkaufen*
acheter des témoins *Zeugen bestechen*
s'acheter une voiture *sich ein Auto anschaffen*
acheter comptant *bar bezahlen*

Ähnliche Verben

acquérir *erwerben*
payer *bezahlen*
corrompre *bestechen*
faire des achats *einkaufen*
faire des courses *einkaufen*
racheter *wiederkaufen*

Aufgepasst!

Achten Sie bitte auf den Wechsel des Vokals von -e zu -è vor einer stummen Silbe:
Si nous avions assez d'argent, nous ach**è**terions un bateau. *Wenn wir genug Geld hätten, würden wir ein Boot **kaufen**.*
Ach**è**te-toi cette robe si elle te plaît ! ***Kauf** dir dieses Kleid, wenn es dir gefällt!*
Demain, j'ach**è**terai des fruits au marché. *Morgen **werde** ich auf dem Markt Obst **kaufen**.*

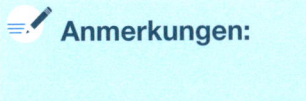

Tipps & Tricks

Die Verben haleter *keuchen*, achever *beenden*, lever *heben*, amener *bringen*, enlever *wegnehmen*, geler *frieren* und peser *wiegen* haben das gleiche Konjugationsmuster (▶ Alphabetische Verbliste).

Anmerkungen:

11 acquérir *erwerben*

Indicatif

Présent

j'	acquiers
tu	acquiers
il	acquiert
nous	acquérons
vous	acquérez
ils	acquièrent

Passé composé

j'	ai	acquis
tu	as	acquis
il	a	acquis
nous	avons	acquis
vous	avez	acquis
ils	ont	acquis

Imparfait

j'	acquérais
tu	acquérais
il	acquérait
nous	acquérions
vous	acquériez
ils	acquéraient

Plus-que-parfait

j'	avais	acquis
tu	avais	acquis
il	avait	acquis
nous	avions	acquis
vous	aviez	acquis
ils	avaient	acquis

Passé simple

j'	acquis
tu	acquis
il	acquit
nous	acquîmes
vous	acquîtes
ils	acquirent

Passé antérieur

j'	eus	acquis
tu	eus	acquis
il	eut	acquis
nous	eûmes	acquis
vous	eûtes	acquis
ils	eurent	acquis

Futur simple

j'	acquerrai
tu	acquerras
il	acquerra
nous	acquerrons
vous	acquerrez
ils	acquerront

Futur antérieur

j'	aurai	acquis
tu	auras	acquis
il	aura	acquis
nous	aurons	acquis
vous	aurez	acquis
ils	auront	acquis

Conditionnel

Présent

j'	acquerrais
tu	acquerrais
il	acquerrait
nous	acquerrions
vous	acquerriez
ils	acquerraient

Passé

j'	aurais	acquis
tu	aurais	acquis
il	aurait	acquis
nous	aurions	acquis
vous	auriez	acquis
ils	auraient	acquis

Subjonctif

Présent

que j'	acquière
que tu	acquières
qu' il	acquière
que nous	acquérions
que vous	acquériez
qu' ils	acquièrent

Imparfait

que j'	acquisse
que tu	acquisses
qu' il	acquît
que nous	acquissions
que vous	acquissiez
qu' ils	acquissent

Passé

que j'	aie	acquis
que tu	aies	acquis
qu' il	ait	acquis
que nous	ayons	acquis
que vous	ayez	acquis
qu' ils	aient	acquis

Plus-que-parfait

que j'	eusse	acquis
que tu	eusses	acquis
qu' il	eût	acquis
que nous	eussions	acquis
que vous	eussiez	acquis
qu' ils	eussent	acquis

Participe

Présent

acquérant

Passé

acquis(e)

Gérondif

en acquérant

Impératif

acquiers
acquérons
acquérez

Infinitif passé

avoir acquis

Anwendungsbeispiele

Mes parents **ont acquis** une jolie maison à la campagne. *Meine Eltern* ***haben*** *ein hübsches Haus auf dem Land* ***gekauft****.*

Nous **avons acquis** ce terrain par héritage. *Wir* ***haben*** *dieses Grundstück* ***geerbt****.*

La sagesse **s'acquiert avec** l'âge. ***Mit*** *dem Alter* ***kommt*** *die Weisheit.*

Il a réussi à **s'acquérir** son amitié. *Es ist ihm gelungen, seine Freundschaft zu* ***gewinnen****.*

Redewendungen

acquérir de l'expérience/des connaissances *Erfahrung sammeln/Erkenntnis gewinnen*

acquérir la certitude que … *Gewissheit erlangen, dass …*

acquérir une habitude *zur Gewohnheit haben*

acquérir de la valeur *an Wert gewinnen*

s'acquérir qc. *etw. erwerben/sich etw. sichern*

être acquis à qn. *jdm. zustehen*

Andere Verben

céder *abgeben*

vendre *verkaufen*

perdre *verlieren*

Aufgepasst!

Achten Sie bitte auf die Stammänderung im Indicatif présent und Subjonctif présent:

Il **acquiert** beaucoup d'expérience. *Er* ***sammelt*** *viel Erfahrung.*

Il se peut qu'elle **acquière** un nouvel ordinateur. *Sie* ***wird*** *möglicherweise einen neuen Computer* ***anschaffen****.*

Vergessen Sie auch nicht die Schreibweise mit -err im Futur simple und im Conditionnel présent!

Avec le temps tu acqu**err**as l'habitude de te lever tôt. *Mit der Zeit* ***wirst*** *du* ***dich daran gewöhnen****, früh aufzustehen.*

Tipps & Tricks

Lernen Sie auch gleich noch ein paar Wörter der gleichen Wortfamilie mit: l'acquisition *der Erwerb/die Errungenschaft* und acquis *erworben/gesichert*.

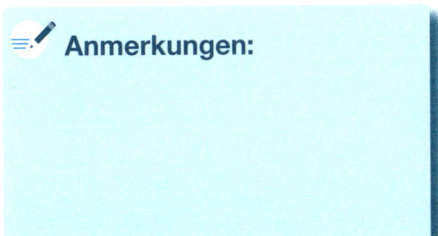

Anmerkungen:

(12) aller *gehen*

Vollverb und Modalverb

Indicatif

Présent

je	vais
tu	vas
il	va
nous	allons
vous	allez
ils	vont

Passé composé

je	suis	allé
tu	es	allé
il	est	allé
nous	sommes	allés
vous	êtes	allés
ils	sont	allés

Imparfait

j'	allais
tu	allais
il	allait
nous	allions
vous	alliez
ils	allaient

Plus-que-parfait

j'	étais	allé
tu	étais	allé
il	était	allé
nous	étions	allés
vous	étiez	allés
ils	étaient	allés

Passé simple

j'	allai
tu	allas
il	alla
nous	allâmes
vous	allâtes
ils	allèrent

Passé antérieur

je	fus	allé
tu	fus	allé
il	fut	allé
nous	fûmes	allés
vous	fûtes	allés
ils	furent	allés

Futur simple

j'	irai
tu	iras
il	ira
nous	irons
vous	irez
ils	iront

Futur antérieur

je	serai	allé
tu	seras	allé
il	sera	allé
nous	serons	allés
vous	serez	allés
ils	seront	allés

Conditionnel

Présent

j'	irais
tu	irais
il	irait
nous	irions
vous	iriez
ils	iraient

Passé

je	serais	allé
tu	serais	allé
il	serait	allé
nous	serions	allés
vous	seriez	allés
ils	seraient	allés

Subjonctif

Présent

que j'	aille
que tu	ailles
qu' il	aille
que nous	allions
que vous	alliez
qu' ils	aillent

Imparfait

que j'	allasse
que tu	allasses
qu' il	allât
que nous	allassions
que vous	allassiez
qu' ils	allassent

Passé

que je	sois	allé
que tu	sois	allé
qu' il	soit	allé
que nous	soyons	allés
que vous	soyez	allés
qu' ils	soient	allés

Plus-que-parfait

que je	fusse	allé
que tu	fusses	allé
qu' il	fût	allé
que nous	fussions	allés
que vous	fussiez	allés
qu' ils	fussent	allés

Participe

Présent

allant

Passé

allé(e)

Gérondif

en allant

Impératif

va
allons
allez

Infinitif passé

être allé

Anwendungsbeispiele

Je **vais à** la boulangerie. *Ich **gehe zur** Bäckerei.*
On y **va en** métro ? ***Fahren** wir **mit** der U-Bahn hin?*
C'est la route qui **va au** village. *Das ist die Straße **zum** Dorf.*
Vas-y ! ***Geh** schon!*
Elle **va travailler** en voiture. *Sie **fährt** mit dem Auto **zur Arbeit**.*
Il **s'en vont** bientôt. *Sie **gehen** bald (**weg**).*
Comment **allez**-vous ? Ça **va**, merci. *Wie **geht** es Ihnen? Gut, danke.*
Il faut **aller** vite ! *Man muss sich **beeilen**!*
Ce costume **lui va** très bien. *Dieser Anzug **steht ihm** sehr gut.*

Redewendungen

aller à pied *zu Fuss gehen*
aller bien/mal *es geht jdm. gut/schlecht*
aller se promener *spazieren gehen*
aller à la mer/à la montagne *ans Meer/in die Berge fahren*
aller chercher qn. *jdn. abholen*
se laisser aller *sich gehen lassen*
s'en aller *weggehen*

Ähnliche Verben

se rendre *sich begeben*
mener *führen*

Gebrauch

Das Verb aller ist unregelmäßig und gehört somit zur 3. Gruppe. In den zusammengesetzten Zeiten wird aller mit dem Hilfsverb être verwendet:
Nous **sommes allés** en Angleterre au mois de juillet. *Wir **sind** im Juli nach England **gefahren**.*
Auch für die Bildung des Futur composé wird aller benötigt:
Demain, je **vais** faire du ski. *Morgen **werde** ich Ski fahren.*

Tipps & Tricks

Mit aller werden viele verschiedene deutsche Verben wiedergeben, wie beispielsweise *gehen*, *fahren*, *laufen*, *(gut) stehen* usw.

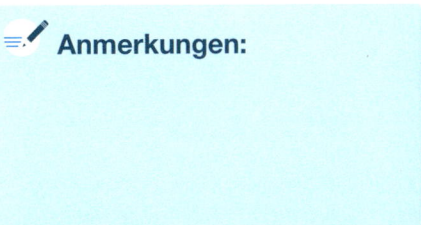

Anmerkungen:

13 appeler *rufen*

-l → -ll vor stummen -e

Indicatif

Présent

j'	appelle
tu	appelles
il	appelle
nous	appelons
vous	appelez
ils	appellent

Passé composé

j'	ai	appelé
tu	as	appelé
il	a	appelé
nous	avons	appelé
vous	avez	appelé
ils	ont	appelé

Imparfait

j'	appelais
tu	appelais
il	appelait
nous	appelions
vous	appeliez
ils	appelaient

Plus-que-parfait

j'	avais	appelé
tu	avais	appelé
il	avait	appelé
nous	avions	appelé
vous	aviez	appelé
ils	avaient	appelé

Passé simple

j'	appelai
tu	appelas
il	appela
nous	appelâmes
vous	appelâtes
ils	appelèrent

Passé antérieur

j'	eus	appelé
tu	eus	appelé
il	eut	appelé
nous	eûmes	appelé
vous	eûtes	appelé
ils	eurent	appelé

Futur simple

j'	appellerai
tu	appelleras
il	appellera
nous	appellerons
vous	appellerez
ils	appelleront

Futur antérieur

j'	aurai	appelé
tu	auras	appelé
il	aura	appelé
nous	aurons	appelé
vous	aurez	appelé
ils	auront	appelé

Conditionnel

Présent

j'	appellerais
tu	appellerais
il	appellerait
nous	appellerions
vous	appelleriez
ils	appelleraient

Passé

j'	aurais	appelé
tu	aurais	appelé
il	aurait	appelé
nous	aurions	appelé
vous	auriez	appelé
ils	auraient	appelé

Subjonctif

Présent

que j'	appelle
que tu	appelles
qu' il	appelle
que nous	appelions
que vous	appeliez
qu' ils	appellent

Imparfait

que j'	appelasse
que tu	appelasses
qu' il	appelât
que nous	appelassions
que vous	appelassiez
qu' ils	appelassent

Passé

que j'	aie	appelé
que tu	aies	appelé
qu' il	ait	appelé
que nous	ayons	appelé
que vous	ayez	appelé
qu' ils	aient	appelé

Plus-que-parfait

que j'	eusse	appelé
que tu	eusses	appelé
qu' il	eût	appelé
que nous	eussions	appelé
que vous	eussiez	appelé
qu' ils	eussent	appelé

Participe

Présent

appelant

Passé

appelé(e)

Gérondif

en appelant

Impératif

appelle
appelons
appelez

Infinitif passé

avoir appelé

Anwendungsbeispiele

Appelle ta sœur ! ***Ruf*** *deine Schwester!*
Je t'**appelle** demain matin vers dix heures. *Ich* ***rufe*** *dich morgen früh gegen zehn Uhr* ***an****.*
Il **est appelé à** voyager pour son travail. *Er* ***muss*** *wegen seiner Arbeit viel reisen.*
Elle **s'appelle** Julie. *Sie* ***heißt*** *Julie.*
J'**en appelle à** ta sincérité. *Ich* ***appelliere an*** *deine Ehrlichkeit.*
Nous **avons fait appeler** le médecin. *Wir* ***haben*** *den Arzt* ***holen lassen****.*
Elle **est appelée à** devenir médecin. *Sie* ***ist dazu berufen****, Ärztin zu werden.*
Il **a appelé** la police. *Er* ***hat*** *die Polizei* ***gerufen****.*
L'enfant **appelle à** l'aide. *Das Kind* ***ruft*** *um Hilfe.*

Witz

« Tu peux me prêter tes nouvelles lunettes de soleil ? »
« D'accord, mais n'oublie pas qu'**elles s'appellent reviens** ! »
(hier im Sinne von *Wiedersehen macht Freude!*)

Ähnliche Verben

interpeller *zurufen*
téléphoner *anrufen*
(se) nommer *(sich) nennen/heißen*
inviter *einladen/rufen*
faire venir *kommen lassen*
(se) rappeler *(sich) erinnern*

Aufgepasst!

Achten Sie bitte auf die Konsonantenverdoppelung -ll vor einem stummen -e sowie im Futur simple und im Conditionnel présent:
Appe**ll**e-le et dis-lui de se dépêcher. ***Ruf*** *ihn an und sag ihm, er soll sich beeilen.*
Tu appe**ll**eras le secrétariat ? ***Rufst*** *du bitte das Sekretariat* ***an****?*
Je me souviens qu'il s'appe**ll**e Antoine. *Ich erinnere mich, dass er Antoine* ***heißt****.*

Tipps & Tricks

Die Verben épeler *buchstabieren*, rappeler *erinnern*, grommeler *murren* und ensorceler *verzaubern* haben das gleiche Konjugationsmuster (▶ Alphabetische Verbliste).

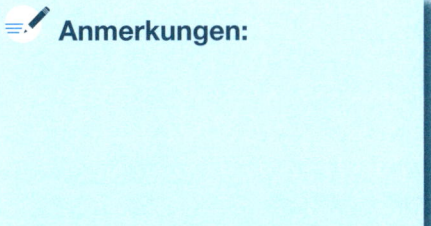

Anmerkungen:

14 assaillir *angreifen*

Indicatif

Présent		Passé composé		
j'	assaille	j'	ai	assailli
tu	assailles	tu	as	assailli
il	assaille	il	a	assailli
nous	assaillons	nous	avons	assailli
vous	assaillez	vous	avez	assailli
ils	assaillent	ils	ont	assailli

Imparfait		Plus-que-parfait		
j'	assaillais	j'	avais	assailli
tu	assaillais	tu	avais	assailli
il	assaillait	il	avait	assailli
nous	assaillions	nous	avions	assailli
vous	assailliez	vous	aviez	assailli
ils	assaillaient	ils	avaient	assailli

Passé simple		Passé antérieur		
j'	assaillis	j'	eus	assailli
tu	assaillis	tu	eus	assailli
il	assaillit	il	eut	assailli
nous	assaillîmes	nous	eûmes	assailli
vous	assaillîtes	vous	eûtes	assailli
ils	assaillirent	ils	eurent	assailli

Futur simple		Futur antérieur		
j'	assaillirai	j'	aurai	assailli
tu	assailliras	tu	auras	assailli
il	assaillira	il	aura	assailli
nous	assaillirons	nous	aurons	assailli
vous	assaillirez	vous	aurez	assailli
ils	assailliront	ils	auront	assailli

Conditionnel

Présent		Passé		
j'	assaillirais	j'	aurais	assailli
tu	assaillirais	tu	aurais	assailli
il	assaillirait	il	aurait	assailli
nous	assaillirions	nous	aurions	assailli
vous	assailliriez	vous	auriez	assailli
ils	assailliraient	ils	auraient	assailli

Subjonctif

Présent	
que j'	assaille
que tu	assailles
qu' il	assaille
que nous	assaillions
que vous	assailliez
qu' ils	assaillent

Imparfait	
que j'	assaillisse
que tu	assaillisses
qu' il	assaillît
que nous	assaillissions
que vous	assaillissiez
qu' ils	assaillissent

Passé		
que j'	aie	assailli
que tu	aies	assailli
qu' il	ait	assailli
que nous	ayons	assailli
que vous	ayez	assailli
qu' ils	aient	assailli

Plus-que-parfait		
que j'	eusse	assailli
que tu	eusses	assailli
qu' il	eût	assailli
que nous	eussions	assailli
que vous	eussiez	assailli
qu' ils	eussent	assailli

Participe

Présent
assaillant

Passé
assailli(e)

Gérondif

en assaillant

Impératif

assaille
assaillons
assaillez

Infinitif passé

avoir assailli

Anwendungsbeispiele

L'ennemi **a assailli** la forteresse. *Der Feind* ***hat*** *die Festung* ***gestürmt.***
Nous **avons été assaillis par** des pierres. *Wir* ***sind mit*** *Steinen* ***angegriffen worden.***
L'orage **a assailli** les randonneurs. *Das Gewitter* ***hat*** *die Wanderer* ***überrascht.***
Le journaliste l'**a assailli de** questions. *Der Journalist hat ihn* ***mit*** *Fragen* ***bestürmt.***
Les manifestants **ont assailli** le ministre. *Die Demonstranten* ***haben sich auf*** *den Minister* ***gestürzt.***

Witz

Une femme va chez son médecin et lui explique que son mari, **assailli par** le doute, se croît devenu invisible.
« Je vois » lui répond celui-ci. « Et où est-il en ce moment ? »
« Mais docteur, il est en face de vous ! »

Ähnliche Verben

attaquer *angreifen*
donner l'assault *angreifen*
agresser *angreifen*
accabler *überschütten*
harceler *jdm. zusetzen*
tourmenter *quälen*
se jeter sur qc. *sich auf etw./jdn. stürzen*
se ruer sur qc. *sich auf etw./jdn. stürzen*

Aufgepasst!

Die Endungen bei assaillir im Indicatif présent, Subjonctif présent und Impératif sind die gleichen wie bei den Verben der 1. Gruppe.
Il ne faut pas que vous l'assaill**iez** de questions. *Sie sollten ihn nicht mit Fragen* ***bestürmen.***

Tipps & Tricks

Die Verben défaillir *in Ohnmacht fallen* und tressaillir *zusammenzucken* haben das gleiche Konjugationsmuster (▶ Alphabetische Verbliste).
Lernen Sie auch gleich l'assaillant *der Angreifer* und l'assault *der Angriff* mit.

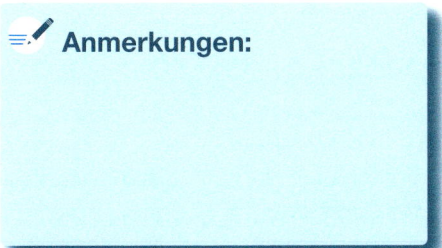

Anmerkungen:

15 atteindre *erreichen*

Indicatif

Présent

j'	atteins
tu	atteins
il	atteint
nous	atteignons
vous	atteignez
ils	atteignent

Passé composé

j'	ai	atteint
tu	as	atteint
il	a	atteint
nous	avons	atteint
vous	avez	atteint
ils	ont	atteint

Imparfait

j'	atteignais
tu	atteignais
il	atteignait
nous	atteignions
vous	atteigniez
ils	atteignaient

Plus-que-parfait

j'	avais	atteint
tu	avais	atteint
il	avait	atteint
nous	avions	atteint
vous	aviez	atteint
ils	avaient	atteint

Passé simple

j'	atteignis
tu	atteignis
il	atteignit
nous	atteignîmes
vous	atteignîtes
ils	atteignirent

Passé antérieur

j'	eus	atteint
tu	eus	atteint
il	eut	atteint
nous	eûmes	atteint
vous	eûtes	atteint
ils	eurent	atteint

Futur simple

j'	atteindrai
tu	atteindras
il	atteindra
nous	atteindrons
vous	atteindrez
ils	atteindront

Futur antérieur

j'	aurai	atteint
tu	auras	atteint
il	aura	atteint
nous	aurons	atteint
vous	aurez	atteint
ils	auront	atteint

Conditionnel

Présent

j'	atteindrais
tu	atteindrais
il	atteindrait
nous	atteindrions
vous	atteindriez
ils	atteindraient

Passé

j'	aurais	atteint
tu	aurais	atteint
il	aurait	atteint
nous	aurions	atteint
vous	auriez	atteint
ils	auraient	atteint

Subjonctif

Présent

que j'	atteigne
que tu	atteignes
qu' il	atteigne
que nous	atteignions
que vous	atteigniez
qu' ils	atteignent

Imparfait

que j'	atteignisse
que tu	atteignisses
qu' il	atteignît
que nous	atteignissions
que vous	atteignissiez
qu' ils	atteignissent

Passé

que j'	aie	atteint
que tu	aies	atteint
qu' il	ait	atteint
que nous	ayons	atteint
que vous	ayez	atteint
qu' ils	aient	atteint

Plus-que-parfait

que j'	eusse	atteint
que tu	eusses	atteint
qu' il	eût	atteint
que nous	eussions	atteint
que vous	eussiez	atteint
qu' ils	eussent	atteint

Participe

Présent

atteignant

Passé

atteint(e)

Gérondif

en atteignant

Impératif

atteins
atteignons
atteignez

Infinitif passé

avoir atteint

Anwendungsbeispiele

Nous **atteindrons** Paris avant la nuit. *Wir **werden** Paris vor Einbruch der Nacht **erreichen**.*
Le Mont-Blanc **atteint** 4807 mètres. *Der Mont Blanc **ist** 4807 Meter hoch.*
La balle l'**a atteint en** plein cœur. *Die Kugel **hat** ihn mitten **ins** Herz **getroffen***
La nouvelle l'**a atteinte** fortement. *Die Nachricht **hat** sie stark **getroffen**.*
Il **est atteint d'**une grave maladie. *Er **leidet unter** einer schweren Krankheit.*
Ce tableau **a atteint** une somme incroyable. *Dieses Gemälde **hat** einen unglaublich hohen Wert **erreicht**.*

Redewendungen

atteindre son but *sein Ziel erreichen*
atteindre la perfection *die Perfektion erreichen*
atteindre le sommet *den Gipfel erreichen*
atteindre qn. par téléphone *jdn. telefonisch erreichen*
atteindre l'âge de raison *das Alter erreichen, in dem man vernünftig werden sollte*
atteindre qn. au vif *jdn. tief verletzen*

Ähnliche Verben

parvenir à *erreichen/gelingen*
arriver à *erreichen/ankommen*
s'élever à *betragen*
toucher *treffen*
blesser *verletzen*
heurter *verletzen*

Aufgepasst!

Achten Sie bitte auf die Stammänderung bei einigen Formen von atteindre, wie beispielsweise bei j'att**eign**ais *ich erreichte* oder que j'att**eign**e *dass ich erreiche*.

Tipps & Tricks

Die Verben dépeindre *beschreiben*, enfreindre *verstoßen*, éteindre *ausschalten*, étreindre *umarmen*, peindre *malen* und teindre *färben* haben das gleiche Konjugationsmuster (▶ Alphabetische Verbliste).

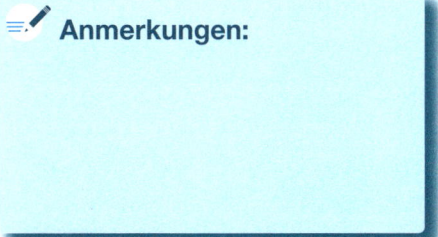

Anmerkungen:

16 attendre *warten*

Indicatif

Présent

j'	attends
tu	attends
il	attend
nous	attendons
vous	attendez
ils	attendent

Passé composé

j'	ai	attendu
tu	as	attendu
il	a	attendu
nous	avons	attendu
vous	avez	attendu
ils	ont	attendu

Imparfait

j'	attendais
tu	attendais
il	attendait
nous	attendions
vous	attendiez
ils	attendaient

Plus-que-parfait

j'	avais	attendu
tu	avais	attendu
il	avait	attendu
nous	avions	attendu
vous	aviez	attendu
ils	avaient	attendu

Passé simple

j'	attendis
tu	attendis
il	attendit
nous	attendîmes
vous	attendîtes
ils	attendirent

Passé antérieur

j'	eus	attendu
tu	eus	attendu
il	eut	attendu
nous	eûmes	attendu
vous	eûtes	attendu
ils	eurent	attendu

Futur simple

j'	attendrai
tu	attendras
il	attendra
nous	attendrons
vous	attendrez
ils	attendront

Futur antérieur

j'	aurai	attendu
tu	auras	attendu
il	aura	attendu
nous	aurons	attendu
vous	aurez	attendu
ils	auront	attendu

Conditionnel

Présent

j'	attendrais
tu	attendrais
il	attendrait
nous	attendrions
vous	attendriez
ils	attendraient

Passé

j'	aurais	attendu
tu	aurais	attendu
il	aurait	attendu
nous	aurions	attendu
vous	auriez	attendu
ils	auraient	attendu

Subjonctif

Présent

que j'	attende
que tu	attendes
qu' il	attende
que nous	attendions
que vous	attendiez
qu' ils	attendent

Imparfait

que j'	attendisse
que tu	attendisses
qu' il	attendît
que nous	attendissions
que vous	attendissiez
qu' ils	attendissent

Passé

que j'	aie	attendu
que tu	aies	attendu
qu' il	ait	attendu
que nous	ayons	attendu
que vous	ayez	attendu
qu' ils	aient	attendu

Plus-que-parfait

que j'	eusse	attendu
que tu	eusses	attendu
qu' il	eût	attendu
que nous	eussions	attendu
que vous	eussiez	attendu
qu' ils	eussent	attendu

Participe

Présent

attendant

Passé

attendu(e)

Gérondif

en attendant

Impératif

attends
attendons
attendez

Infinitif passé

avoir attendu

Anwendungsbeispiele

Je vous **attends** dans le couloir. *Ich **warte** im Gang **auf** Sie.*
Qu'est-ce que tu **attends pour** apprendre l'anglais ? *Worauf **wartest** du **mit** dem Englischlernen?*
Tu peux toujours **attendre** ! *Da kannst du lange **warten**!*
Elle ne **s'attendait** pas **à** nous voir. *Sie **hatte** nicht **damit gerechnet**, uns zu sehen.*
Je m'**y attendais**. ***Damit** hatte ich **gerechnet**.*
Qu' **attendez**-vous **de** moi? *Was **erwarten** Sie **von** mir?*

Redewendungen

attendre des heures *Stunden warten*
attendre le bus/le train *auf den Bus/Zug warten*
attendre qc. de qn. *etw. von jdm. erwarten*
faire attendre qn. *jdn. warten lassen*
attendre un enfant *ein Kind erwarten*
s'attendre à ce que *mit etw. rechnen*
en attendant que *so lange bis*

Ähnliche Verben

patienter *sich gedulden*
rester *bleiben*
guetter *auf jdn. warten*
compter sur qc. *mit etw. rechnen*
prévoir *erwarten/vorsehen*

Gebrauch

Die Konstruktion attendre que wird mit dem Subjonctif gebildet:
Il **attend que** nous **ayons** fini. *Er **wartet darauf**, dass wir fertig **sind**.*
Je ne **m'attendais** pas à ce **que** tu **viennes**. *Ich **hatte** nicht **damit gerechnet**, dass du **kommst**.*

Tipps & Tricks

Die Verben défendre *verteidigen*, descendre *heruntergehen*, perdre *verlieren*, rendre *zurückgeben*, tendre *spannen* und vendre *verkaufen* haben das gleiche Konjugationsmuster (▶ Alphabetische Verbliste).

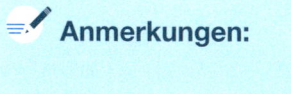

Anmerkungen:

17 battre *schlagen*

Indicatif

Présent

je	bats
tu	bats
il	bat
nous	battons
vous	battez
ils	battent

Passé composé

j'	ai	battu
tu	as	battu
il	a	battu
nous	avons	battu
vous	avez	battu
ils	ont	battu

Imparfait

je	battais
tu	battais
il	battait
nous	battions
vous	battiez
ils	battaient

Plus-que-parfait

j'	avais	battu
tu	avais	battu
il	avait	battu
nous	avions	battu
vous	aviez	battu
ils	avaient	battu

Passé simple

je	battis
tu	battis
il	battit
nous	battîmes
vous	battîtes
ils	battirent

Passé antérieur

j'	eus	battu
tu	eus	battu
il	eut	battu
nous	eûmes	battu
vous	eûtes	battu
ils	eurent	battu

Futur simple

je	battrai
tu	battras
il	battra
nous	battrons
vous	battrez
ils	battront

Futur antérieur

j'	aurai	battu
tu	auras	battu
il	aura	battu
nous	aurons	battu
vous	aurez	battu
ils	auront	battu

Conditionnel

Présent

je	battrais
tu	battrais
il	battrait
nous	battrions
vous	battriez
ils	battraient

Passé

j'	aurais	battu
tu	aurais	battu
il	aurait	battu
nous	aurions	battu
vous	auriez	battu
ils	auraient	battu

Subjonctif

Présent

que je	batte
que tu	battes
qu' il	batte
que nous	battions
que vous	battiez
qu' ils	battent

Imparfait

que je	battisse
que tu	battisses
qu' il	battît
que nous	battissions
que vous	battissiez
qu' ils	battissent

Passé

que j'	aie	battu
que tu	aies	battu
qu' il	ait	battu
que nous	ayons	battu
que vous	ayez	battu
qu' ils	aient	battu

Plus-que-parfait

que j'	eusse	battu
que tu	eusses	battu
qu' il	eût	battu
que nous	eussions	battu
que vous	eussiez	battu
qu' ils	eussent	battu

Participe

Présent

battant

Passé

battu(e)

Gérondif

en battant

Impératif

bats
battons
battez

Infinitif passé

avoir battu

Anwendungsbeispiele

Il l'**a battu à** mort. *Er **hat** ihn **zu** Tode **geprügelt**.*

Ils **ont battu** l'équipe adverse par trois à deux. *Sie **haben** die andere Mannschaft drei zu zwei **geschlagen**.*

Il faut **battre** les œufs **en** neige. *Man muss das Eiweiß **zu** Eischnee **schlagen**.*

Le volet **battait**. *Der Fensterladen **klapperte**.*

La pluie **a battu contre** les vitres. *Der Regen **hat gegen** die Scheiben **geprasselt**.*

Les enfants **se sont battus** pour attraper le ballon. *Die Kinder **haben gekämpft**, um den Ball zu fangen.*

Witz

« J'**ai battu** un record ! » – « Ah bon, lequel ? »

« J'ai réussi à faire en 15 jours un puzzle sur lequel il était écrit ‹ de 3 a 5 ans ›. »

Ähnliche Verben

frapper *schlagen*
heurter *schlagen/stoßen*
vaincre *besiegen*
gagner *gewinnen*
se disputer *sich streiten*
se bagarrer *sich anlegen/kämpfen*
s'acharner *sich große Mühe geben/kämpfen*
abattre *fällen*
combattre *bekämpfen*
débattre *besprechen*

Aufgepasst!

Achten Sie auf die Singularformen mit einem -t im Indicatif présent und im Impératif:

Ne te bats plus jamais **avec** ton petit frère ! ***Schlage** dich nie wieder **mit** deinem kleinen Bruder!*

Elle se bat pour trouver un nouvel emploi. *Sie **kämpft** darum, eine neue Stelle zu finden.*

Tipps & Tricks

Die Verben abattre *fällen*, combattre *bekämpfen* und débattre *besprechen* haben das gleiche Konjugationsmuster (▶ Alphabetische Verbliste).

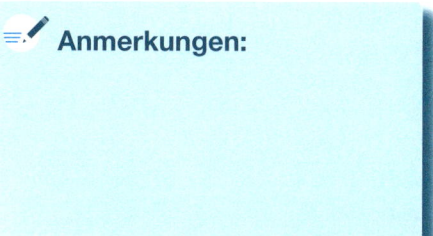

Anmerkungen:

18 boire *trinken*

Indicatif

Présent

je	bois
tu	bois
il	boit
nous	buvons
vous	buvez
ils	boivent

Passé composé

j'	ai	bu
tu	as	bu
il	a	bu
nous	avons	bu
vous	avez	bu
ils	ont	bu

Imparfait

je	buvais
tu	buvais
il	buvait
nous	buvions
vous	buviez
ils	buvaient

Plus-que-parfait

j'	avais	bu
tu	avais	bu
il	avait	bu
nous	avions	bu
vous	aviez	bu
ils	avaient	bu

Passé simple

je	bus
tu	bus
il	but
nous	bûmes
vous	bûtes
ils	burent

Passé antérieur

j'	eus	bu
tu	eus	bu
il	eut	bu
nous	eûmes	bu
vous	eûtes	bu
ils	eurent	bu

Futur simple

je	boirai
tu	boiras
il	boira
nous	boirons
vous	boirez
ils	boiront

Futur antérieur

j'	aurai	bu
tu	auras	bu
il	aura	bu
nous	aurons	bu
vous	aurez	bu
ils	auront	bu

Conditionnel

Présent

je	boirais
tu	boirais
il	boirait
nous	boirions
vous	boiriez
ils	boiraient

Passé

j'	aurais	bu
tu	aurais	bu
il	aurait	bu
nous	aurions	bu
vous	auriez	bu
ils	auraient	bu

Subjonctif

Présent

que je	boive
que tu	boives
qu' il	boive
que nous	buvions
que vous	buviez
qu' ils	boivent

Imparfait

que je	busse
que tu	busses
qu' il	bût
que nous	bussions
que vous	bussiez
qu' ils	bussent

Passé

que j'	aie	bu
que tu	aies	bu
qu' il	ait	bu
que nous	ayons	bu
que vous	ayez	bu
qu' ils	aient	bu

Plus-que-parfait

que j'	eusse	bu
que tu	eusses	bu
qu' il	eût	bu
que nous	eussions	bu
que vous	eussiez	bu
qu' ils	eussent	bu

Participe

Présent

buvant

Passé

bu(e)

Gérondif

en buvant

Impératif

bois
buvons
buvez

Infinitif passé

avoir bu

Anwendungsbeispiele

Je **vais boire** un verre d'eau. *Ich **trinke** ein Glas Wasser.*
C'est un homme qui **boit**. *Dieser Mann **ist Alkoholiker**.*
Ce vin **se boit au** dessert. *Dieser Wein **wird zur** Nachspeise **getrunken**.*
Buvons le café **dans** les nouvelles tasses. *Lasst uns den Kaffee **aus** den neuen Tassen **trinken**.*
Le bambou est une plante qui **boit** beaucoup d'eau. *Bambus ist eine Pflanze, die viel Wasser **braucht**.*
Je **fais boire** les enfants. *Ich **gebe** den Kindern etwas **zu trinken**.*

Redewendungen

(se) boire froid/chaud/glacé *(sich) kalt/warm/eisgekühlt trinken*
boire un verre *etw. trinken gehen*
boire à petits coups *langsam trinken*
boire comme un trou *viel Alkohol trinken/saufen*
boire la tasse *Wasser schlucken*
boire à la santé de qn. *auf das Wohl von jdm. trinken*

Ähnliche Verben

se désaltérer *den Durst löschen*
prendre *nehmen*
arroser *gießen/anstoßen*
se saouler *sich betrinken*
reboire *wieder trinken*

Aufgepasst!

Achten Sie bitte auf die zahlreichen Stammänderungen:
Dimanche, nous **boirons à** ton succès ! *Wir **werden** am Sonntag **auf** deinen Erfolg **anstoßen**!*
Tu ne **bois** pas assez. *Du **trinkst** nicht genug.*
Nous **buvons** un verre de vin rouge à chaque repas. *Wir **trinken** zu jeder Mahlzeit ein Glas Rotwein.*

Tipps & Tricks

Lernen Sie auch gleich noch ein paar Wörter der gleichen Wortfamilie mit: la boisson *das Getränk*, buvable *genießbar* (im Sinne von „kann man trinken") und imbuvable *ungenießbar*.

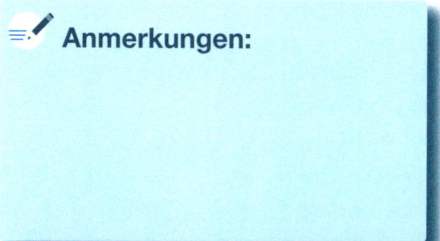

Anmerkungen:

19 commencer *beginnen*

-c → -ç vor -a und -o

Indicatif

Présent

je	commence
tu	commences
il	commence
nous	commençons
vous	commencez
ils	commencent

Passé composé

j'	ai	commencé
tu	as	commencé
il	a	commencé
nous	avons	commencé
vous	avez	commencé
ils	ont	commencé

Imparfait

je	commençais
tu	commençais
il	commençait
nous	commencions
vous	commenciez
ils	commençaient

Plus-que-parfait

j'	avais	commencé
tu	avais	commencé
il	avait	commencé
nous	avions	commencé
vous	aviez	commencé
ils	avaient	commencé

Passé simple

je	commençai
tu	commenças
il	commença
nous	commençâmes
vous	commençâtes
ils	commencèrent

Passé antérieur

j'	eus	commencé
tu	eus	commencé
il	eut	commencé
nous	eûmes	commencé
vous	eûtes	commencé
ils	eurent	commencé

Futur simple

je	commencerai
tu	commenceras
il	commencera
nous	commencerons
vous	commencerez
ils	commenceront

Futur antérieur

j'	aurai	commencé
tu	auras	commencé
il	aura	commencé
nous	aurons	commencé
vous	aurez	commencé
ils	auront	commencé

Conditionnel

Présent

je	commencerais
tu	commencerais
il	commencerait
nous	commencerions
vous	commenceriez
ils	commenceraient

Passé

j'	aurais	commencé
tu	aurais	commencé
il	aurait	commencé
nous	aurions	commencé
vous	auriez	commencé
ils	auraient	commencé

Subjonctif

Présent

que je	commence
que tu	commences
qu' il	commence
que nous	commencions
que vous	commenciez
qu' ils	commencent

Imparfait

que je	commençasse
que tu	commençasses
qu' il	commençât
que nous	commençassions
que vous	commençassiez
qu' ils	commençassent

Passé

que j'	aie	commencé
que tu	aies	commencé
qu' il	ait	commencé
que nous	ayons	commencé
que vous	ayez	commencé
qu' ils	aient	commencé

Plus-que-parfait

que j'	eusse	commencé
que tu	eusses	commencé
qu' il	eût	commencé
que nous	eussions	commencé
que vous	eussiez	commencé
qu' ils	eussent	commencé

Participe

Présent

commençant

Passé

commencé(e)

Gérondif

en commençant

Impératif

commence
commençons
commencez

Infinitif passé

avoir commencé

Anwendungsbeispiele

Le film **commence**. *Der Film* ***beginnt****.*
Je **commence** ce livre. *Ich* ***fange an****, dieses Buch zu lesen.*
Emilie **commence à** parler. *Emilie* ***fängt an*** *zu sprechen.*
Nous **commençons de** dîner. *Wir* ***fangen an****, zu Abend zu essen.*
Ce mot **commence par** un a. *Dieses Wort* ***fängt mit*** *einem a* ***an****.*
Il **commença par** retirer son manteau. *Er zog* ***erst mal*** *seinen Mantel aus.*
Commence par être poli ! *Sei* ***erst einmal*** *höflich!*
Ça **commence à** bien faire ! *Jetzt reicht es aber!*
Pour commencer, tu vas boire une tasse de thé ! ***Jetzt*** *trinkst du* ***erst einmal*** *eine Tasse Tee!*

Redewendungen

commencer bien/mal *gut/schlecht anfangen*
commencer à faire chaud/froid *allmählich warm/kalt werden*
commencer de faire qc. *anfangen, etw. zu tun*
commencer son discours par qc. *seine Rede mit etw. einleiten*
commencer un voyage *eine Reise antreten*
ne plus savoir par où commencer *nicht mehr wissen, womit man anfangen soll*
commencer par où on devrait finir *den zweiten Schritt vor dem ersten tun*

Ähnliche Verben

débuter *anfangen*
démarrer *beginnen/starten*
entreprendre *anfangen/unternehmen*
amorcer *beginnen/aufnehmen*

Aufgepasst!

Um die gleiche Aussprache beibehalten zu können, wird das -c vor den Vokalen -a und -o zu -ç:
Nous commençons de prendre le café. *Wir* ***fangen*** *mit dem Kaffeetrinken* ***an****.*

Tipps & Tricks

Die Verben annoncer *ankündigen*, avancer *vorstellen*, balancer *schaukeln*, placer *stellen*, prononcer *aussprechen* und renoncer *verzichten* haben das gleiche Konjugationsmuster (▶ Alphabetische Verbliste).

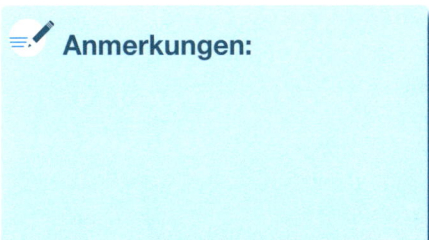

Anmerkungen:

20 conclure *abschließen*

Indicatif

Présent

je	conclus
tu	conclus
il	conclut
nous	concluons
vous	concluez
ils	concluent

Passé composé

j'	ai	conclu
tu	as	conclu
il	a	conclu
nous	avons	conclu
vous	avez	conclu
ils	ont	conclu

Imparfait

je	concluais
tu	concluais
il	concluait
nous	concluions
vous	concluiez
ils	concluaient

Plus-que-parfait

j'	avais	conclu
tu	avais	conclu
il	avait	conclu
nous	avions	conclu
vous	aviez	conclu
ils	avaient	conclu

Passé simple

je	conclus
tu	conclus
il	conclut
nous	conclûmes
vous	conclûtes
ils	conclurent

Passé antérieur

j'	eus	conclu
tu	eus	conclu
il	eut	conclu
nous	eûmes	conclu
vous	eûtes	conclu
ils	eurent	conclu

Futur simple

je	conclurai
tu	concluras
il	conclura
nous	conclurons
vous	conclurez
ils	concluront

Futur antérieur

j'	aurai	conclu
tu	auras	conclu
il	aura	conclu
nous	aurons	conclu
vous	aurez	conclu
ils	auront	conclu

Conditionnel

Présent

je	conclurais
tu	conclurais
il	conclurait
nous	conclurions
vous	concluriez
ils	concluraient

Passé

j'	aurais	conclu
tu	aurais	conclu
il	aurait	conclu
nous	aurions	conclu
vous	auriez	conclu
ils	auraient	conclu

Subjonctif

Présent

que je	conclue
que tu	conclues
qu' il	conclue
que nous	concluions
que vous	concluiez
qu' ils	concluent

Imparfait

que je	conclusse
que tu	conclusses
qu' il	conclût
que nous	conclussions
que vous	conclussiez
qu' ils	conclussent

Passé

que j'	aie	conclu
que tu	aies	conclu
qu' il	ait	conclu
que nous	ayons	conclu
que vous	ayez	conclu
qu' ils	aient	conclu

Plus-que-parfait

que j'	eusse	conclu
que tu	eusses	conclu
qu' il	eût	conclu
que nous	eussions	conclu
que vous	eussiez	conclu
qu' ils	eussent	conclu

Participe

Présent

concluant

Passé

conclu(e)

Gérondif

en concluant

Impératif

conclus
concluons
concluez

Infinitif passé

avoir conclu

Anwendungsbeispiele

La France **a conclu** un traité **avec** ce pays. *Frankreich **hat** ein Abkommen **mit** diesem Land **abgeschlossen**.*

Elle **a conclu** sa présentation **par** un article du Monde. *Sie **hat** ihren Vortrag **mit** einem Artikel aus Le Monde **abgeschlossen**.*

J'**en** ai **conclu que** cela n'était pas possible. *Ich habe **daraus geschlossen, dass** es nicht möglich war.*

Les jurés **ont conclu à** sa culpabilité. *Die Geschworenen **befanden** ihn **für** schuldig.*

Pouvez-vous **conclure**, s'il vous plaît ? *Könnten Sie bitte nun **zum Ende kommen**?*

Affaire **conclue** ! *Abgemacht!*

Redewendungen

conclure une alliance *eine Allianz schließen*
conclure une affaire avec qn. *ein Geschäft mit jdm. abschließen*
conclure à l'innocence de qn. *jdn. für unschuldig befinden*
conclure un livre *ein Buch abschließen/fertig schreiben*

Ähnliche Verben

passer *(hier) abschließen*
signer *unterzeichnen*
déduire *aus etwas schließen*
achever *beenden*
finir *beenden*
exclure *ausschließen*
inclure *einschließen*

Aufgepasst!

Im Imparfait folgen beim Verb conclure drei Vokale direkt aufeinander. Achten Sie daher auf die korrekte Aussprache, z. B. bei nous concl**uio**ns *wir schlossen ab*. Im Présent und im Passé simple sind die Singularformen identisch. Die Zeiten können also nur aus dem Zusammenhang geschlussfolgert werden.

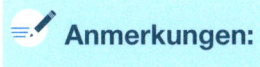

Tipps & Tricks

Die Verben exclure und inclure werden nach dem gleichen Muster konjugiert, wobei das Participe passé von inclure jedoch auf -us(e) endet (▶ Alphabetische Verbliste).

Anmerkungen:

21 construire *bauen*

Indicatif

Présent

je	construis
tu	construis
il	construit
nous	construisons
vous	construisez
ils	construisent

Passé composé

j'	ai	construit
tu	as	construit
il	a	construit
nous	avons	construit
vous	avez	construit
ils	ont	construit

Imparfait

je	construisais
tu	construisais
il	construisait
nous	construisions
vous	construisiez
ils	construisaient

Plus-que-parfait

j'	avais	construit
tu	avais	construit
il	avait	construit
nous	avions	construit
vous	aviez	construit
ils	avaient	construit

Passé simple

je	construisis
tu	construisis
il	construisit
nous	construisîmes
vous	construisîtes
ils	construisirent

Passé antérieur

j'	eus	construit
tu	eus	construit
il	eut	construit
nous	eûmes	construit
vous	eûtes	construit
ils	eurent	construit

Futur simple

je	construirai
tu	construiras
il	construira
nous	construirons
vous	construirez
ils	construiront

Futur antérieur

j'	aurai	construit
tu	auras	construit
il	aura	construit
nous	aurons	construit
vous	aurez	construit
ils	auront	construit

Conditionnel

Présent

je	construirais
tu	construirais
il	construirait
nous	construirions
vous	construiriez
ils	construiraient

Passé

j'	aurais	construit
tu	aurais	construit
il	aurait	construit
nous	aurions	construit
vous	auriez	construit
ils	auraient	construit

Subjonctif

Présent

que je	construise
que tu	construises
qu' il	construise
que nous	construisions
que vous	construisiez
qu' ils	construisent

Imparfait

que je	construisisse
que tu	construisisses
qu' il	construisît
que nous	construisissions
que vous	construisissiez
qu' ils	construisissent

Passé

que j'	aie	construit
que tu	aies	construit
qu' il	ait	construit
que nous	ayons	construit
que vous	ayez	construit
qu' ils	aient	construit

Plus-que-parfait

que j'	eusse	construit
que tu	eusses	construit
qu' il	eût	construit
que nous	eussions	construit
que vous	eussiez	construit
qu' ils	eussent	construit

Participe

Présent

construisant

Passé

construit(e)

Gérondif

en construisant

Impératif

construis
construisons
construisez

Infinitif passé

avoir construit

Anwendungsbeispiele

Il **a construit** la maison que tu vois sur cette photo. *Er **hat** das Haus **gebaut**, das du auf diesem Bild siehst.*

On **a** beaucoup **construit** dans le quartier. *In diesem Viertel **wurde** viel **gebaut**.*

Les mésanges **ont construit** leur nid. *Die Kohlmeisen **haben** ihr Nest **gebaut**.*

C'est une entreprise qui **construit** des voiliers. *Diese Firma **stellt** Segelboote **her**.*

Le verbe vouloir **se construit avec** le subjonctif. *Das Verb vouloir **wird mit** dem Subjonctif **gebildet**.*

Redewendungen

construire une route/un pont *eine Straße/eine Brücke bauen*
faire construire *bauen*
obtenir un permis de construire *eine Baugenehmigung bekommen*
construire une phrase *einen Satz bilden*
se construire un abri *sich eine Hütte bauen*
construire sa vie *sein Leben gestalten*

Ähnliche Verben

bâtir *bauen*
édifier *bauen*
créer *schaffen*
former *bilden*
fabriquer *herstellen*
reconstruire *wieder aufbauen*

Aufgepasst!

Achten Sie bitte bei der Form des Participe passé auf die Schreibweise mit -t:
Les enfants ont construit une cabane dans un arbre. *Die Kinder **haben** ein Baumhaus **gebaut**.*

Tipps & Tricks

Die Verben luire *leuchten* und nuire *schaden* werden nach dem gleichen Konjugationsmuster konjugiert (▶ Alphabetische Verbliste). Aber ihr Participe passé ist unveränderlich: lui *geleuchtet* und nui *geschadet*.

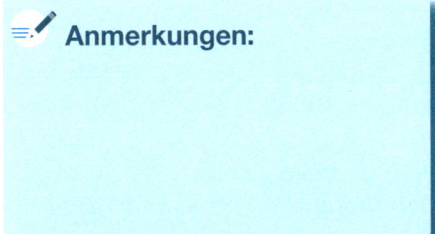

Anmerkungen:

22 coudre *nähen*

Indicatif

Présent

je	couds
tu	couds
il	coud
nous	cousons
vous	cousez
ils	cousent

Passé composé

j'	ai	cousu
tu	as	cousu
il	a	cousu
nous	avons	cousu
vous	avez	cousu
ils	ont	cousu

Imparfait

je	cousais
tu	cousais
il	cousait
nous	cousions
vous	cousiez
ils	cousaient

Plus-que-parfait

j'	avais	cousu
tu	avais	cousu
il	avait	cousu
nous	avions	cousu
vous	aviez	cousu
ils	avaient	cousu

Passé simple

je	cousis
tu	cousis
il	cousit
nous	cousîmes
vous	cousîtes
ils	cousirent

Passé antérieur

j'	eus	cousu
tu	eus	cousu
il	eut	cousu
nous	eûmes	cousu
vous	eûtes	cousu
ils	eurent	cousu

Futur simple

je	coudrai
tu	coudras
il	coudra
nous	coudrons
vous	coudrez
ils	coudront

Futur antérieur

j'	aurai	cousu
tu	auras	cousu
il	aura	cousu
nous	aurons	cousu
vous	aurez	cousu
ils	auront	cousu

Conditionnel

Présent

je	coudrais
tu	coudrais
il	coudrait
nous	coudrions
vous	coudriez
ils	coudraient

Passé

j'	aurais	cousu
tu	aurais	cousu
il	aurait	cousu
nous	aurions	cousu
vous	auriez	cousu
ils	auraient	cousu

Subjonctif

Présent

que je	couse
que tu	couses
qu' il	couse
que nous	cousions
que vous	cousiez
qu' ils	cousent

Imparfait

que je	cousisse
que tu	cousisses
qu' il	cousît
que nous	cousissions
que vous	cousissiez
qu' ils	cousissent

Passé

que j'	aie	cousu
que tu	aies	cousu
qu' il	ait	cousu
que nous	ayons	cousu
que vous	ayez	cousu
qu' ils	aient	cousu

Plus-que-parfait

que j'	eusse	cousu
que tu	eusses	cousu
qu' il	eût	cousu
que nous	eussions	cousu
que vous	eussiez	cousu
qu' ils	eussent	cousu

Participe

Présent

cousant

Passé

cousu(e)

Gérondif

en cousant

Impératif

couds
cousons
cousez

Infinitif passé

avoir cousu

Anwendungsbeispiele

J'ai appris à **coudre** quand j'avais huit ans. *Ich habe mit acht Jahren **nähen** gelernt.*
Peux-tu (re)**coudre** le bouton de ma veste ? *Kannst du den Knopf meiner Jacke (wieder) **annähen**?*
Cette robe de mariée **a été cousue à** la main. *Dieses Brautkleid **wurde von** Hand **genäht**.*
Il a fallu **coudre** sa plaie. *Man hat seine Wunde **nähen** müssen.*
Auriez-vous peut-être une machine à **coudre** ? *Haben Sie vielleicht eine **Näh**-maschine?*

Redewendungen

être cousu de fil blanc *eingefädelt sein*
être cousu d'or *sehr reich sein*
rester bouche cousue *kein Wort sagen*

Ähnliche Verben

raccommoder *flicken*
rapiécer *flicken*
piquer *nähen*
ourler *einsäumen*
suturer *nähen*
broder *sticken*
recoudre *wieder annähen*
découdre *abtrennen*

Aufgepasst!

In den Singularformen des Indicatif présent sowie im Futur simple und im Conditionnel présent lautet der Wortstamm coud-:
Elle **coud**ra ta chemise à la machine. *Sie **wird** dein Hemd mit der Maschine **nähen**.*
In den weiteren einfachen Zeiten verändert sich der Wortstamm zu cous-:
Autrefois, on **cous**ait beaucoup. *Früher **nähte** man viel.*

Tipps & Tricks

Hier noch ein paar Wörter der gleichen Wortfamilie zum Mitlernen: la couture *das Nähen/die Näharbeit*, le couturier *der Schneider/der Modeschöpfer* und la couturière *die Schneiderin/die Modeschöpferin*.

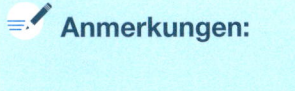

Anmerkungen:

23 craindre *fürchten*

Indicatif

Présent

je	crains
tu	crains
il	craint
nous	craignons
vous	craignez
ils	craignent

Passé composé

j'	ai	craint
tu	as	craint
il	a	craint
nous	avons	craint
vous	avez	craint
ils	ont	craint

Imparfait

je	craignais
tu	craignais
il	craignait
nous	craignions
vous	craigniez
ils	craignaient

Plus-que-parfait

j'	avais	craint
tu	avais	craint
il	avait	craint
nous	avions	craint
vous	aviez	craint
ils	avaient	craint

Passé simple

je	craignis
tu	craignis
il	craignit
nous	craignîmes
vous	craignîtes
ils	craignirent

Passé antérieur

j'	eus	craint
tu	eus	craint
il	eut	craint
nous	eûmes	craint
vous	eûtes	craint
ils	eurent	craint

Futur simple

je	craindrai
tu	craindras
il	craindra
nous	craindrons
vous	craindrez
ils	craindront

Futur antérieur

j'	aurai	craint
tu	auras	craint
il	aura	craint
nous	aurons	craint
vous	aurez	craint
ils	auront	craint

Conditionnel

Présent

je	craindrais
tu	craindrais
il	craindrait
nous	craindrions
vous	craindriez
ils	craindraient

Passé

j'	aurais	craint
tu	aurais	craint
il	aurait	craint
nous	aurions	craint
vous	auriez	craint
ils	auraient	craint

Subjonctif

Présent

que je	craigne
que tu	craignes
qu' il	craigne
que nous	craignions
que vous	craigniez
qu' ils	craignent

Imparfait

que je	craignisse
que tu	craignisses
qu' il	craignît
que nous	craignissions
que vous	craignissiez
qu' ils	craignissent

Passé

que j'	aie	craint
que tu	aies	craint
qu' il	ait	craint
que nous	ayons	craint
que vous	ayez	craint
qu' ils	aient	craint

Plus-que-parfait

que j'	eusse	craint
que tu	eusses	craint
qu' il	eût	craint
que nous	eussions	craint
que vous	eussiez	craint
qu' ils	eussent	craint

Participe

Présent

craignant

Passé

craint(e)

Gérondif

en craignant

Impératif

crains
craignons
craignez

Infinitif passé

avoir craint

Anwendungsbeispiele

Le garçon **craint** son père. *Der Junge **hat vor** seinem Vater **Respekt**.*

Il n'y a rien à **craindre** ! *Es besteht kein Grund **zur Sorge**!*

Elle **craint de** te déranger. *Sie **hat Angst,** dich zu stören.*

Je **crains** qu'il fasse mauvais demain. *Ich **befürchte**, dass es morgen schlechtes Wetter gibt.*

Le médecin **craint** qu'il ne soit très malade. *Der Arzt **befürchtet**, dass er schwer krank ist.*

Ces arbres **craignent** le gel. *Diese Bäume sind **nicht winterhart**.*

Redewendungen

être à craindre que … *zu befürchten sein, dass …*

craindre la chaleur/le froid *hitze-/kälteempfindlich sein*

se faire craindre de qn. *sich bei jdm. Respekt verschaffen*

craindre pour la vie de qn. *um jds. Leben fürchten*

Ähnliche Verben

redouter *fürchten/Angst haben*

appréhender *fürchten/Angst haben*

avoir peur *Angst haben*

respecter *achten/Rücksicht nehmen*

Gebrauch

Merken Sie sich bitte, dass craindre que mit dem Subjonctif gebildet wird:

Je **crains que** nous ne **puissions** pas partir demain en vacances. *Ich **befürchte**, dass wir morgen nicht in den Urlaub fahren **können**.*

In der gehobenen Sprache kann das nicht verneinende ne verwendet werden:

Je **crains que** le train **(ne)** **soit** déjà **parti**. *Ich **befürchte**, dass der Zug schon **abgefahren ist**.*

Achten Sie bitte auf die Stammänderung bei einigen Formen von craindre:

il **craign**it, il **craign**ait, que tu **craign**es etc.

Tipps & Tricks

Die Verben plaindre *klagen* und contraindre *zwingen* haben das gleiche Konjugationsmuster (▶ Alphabetische Verbliste).

Anmerkungen:

24 créer *schaffen*

-é gehört zum Stamm

Indicatif

Présent

je	crée
tu	crées
il	crée
nous	créons
vous	créez
ils	créent

Passé composé

j'	ai	créé
tu	as	créé
il	a	créé
nous	avons	créé
vous	avez	créé
ils	ont	créé

Imparfait

je	créais
tu	créais
il	créait
nous	créions
vous	créiez
ils	créaient

Plus-que-parfait

j'	avais	créé
tu	avais	créé
il	avait	créé
nous	avions	créé
vous	aviez	créé
ils	avaient	créé

Passé simple

je	créai
tu	créas
il	créa
nous	créâmes
vous	créâtes
ils	créèrent

Passé antérieur

j'	eus	créé
tu	eus	créé
il	eut	créé
nous	eûmes	créé
vous	eûtes	créé
ils	eurent	créé

Futur simple

je	créerai
tu	créeras
il	créera
nous	créerons
vous	créerez
ils	créeront

Futur antérieur

j'	aurai	créé
tu	auras	créé
il	aura	créé
nous	aurons	créé
vous	aurez	créé
ils	auront	créé

Conditionnel

Présent

je	créerais
tu	créerais
il	créerait
nous	créerions
vous	créeriez
ils	créeraient

Passé

j'	aurais	créé
tu	aurais	créé
il	aurait	créé
nous	aurions	créé
vous	auriez	créé
ils	auraient	créé

Subjonctif

Présent

que je	crée
que tu	crées
qu' il	crée
que nous	créions
que vous	créiez
qu' ils	créent

Imparfait

que je	créasse
que tu	créasses
qu' il	créât
que nous	créassions
que vous	créassiez
qu' ils	créassent

Passé

que j'	aie	créé
que tu	aies	créé
qu' il	ait	créé
que nous	ayons	créé
que vous	ayez	créé
qu' ils	aient	créé

Plus-que-parfait

que j'	eusse	créé
que tu	eusses	créé
qu' il	eût	créé
que nous	eussions	créé
que vous	eussiez	créé
qu' ils	eussent	créé

Participe

Présent

créant

Passé

créé(e)

Gérondif

en créant

Impératif

crée
créons
créez

Infinitif passé

avoir créé

Anwendungsbeispiele

Il **a créé** un spectacle formidable. *Er **hat** eine tolle Aufführung **inszeniert**.*

Ce rôle **a été créé** spécialement pour lui. *Diese Rolle **wurde** extra für ihn **geschaffen**.*

Ce médecin **s'est** rapidement **créé** une clientèle. *Dieser Arzt **hat sich** schnell einen Kundenstamm **aufgebaut**.*

Dieu **créa** le ciel et la terre. *Gott **schuf** den Himmel und die Erde.*

Redewendungen

créer de nouveaux emplois *neue Arbeitsplätze schaffen*
créer une entreprise *ein Unternehmen gründen*
créer de nouveaux marchés *neue Märkte erschließen*
créer des problèmes *Probleme bereiten*
créer des ennuis à qn. *jdm. Sorgen bereiten*
se créer des ennuis *sich Ärger einhandeln*
créer une œuvre artistique *ein Kunstwerk erschaffen*

Ähnliche Verben

faire *tun*
former *bilden*
constituer *gründen*
concevoir *entwerfen*
causer *verursachen*
recréer *neu erschaffen*
procréer *zeugen*

Aufgepasst!

Bei den Verben auf -éer bleibt in allen Formen das -é erhalten, da es Teil des Verbstamms ist.

Achten Sie auf die Häufung von -é/-e in der femininen Form des Participe passé:

Cette pièce de théâtre a été **créée** en 1960. *Dieses Theaterstück **wurde** 1960 zum ersten Mal **aufgeführt**.*

Tipps & Tricks

Die Verben agréer *annehmen* und maugréer *schimpfen* werden nach dem gleichen Konjugationsmuster konjugiert (▷ Alphabetische Verbliste).

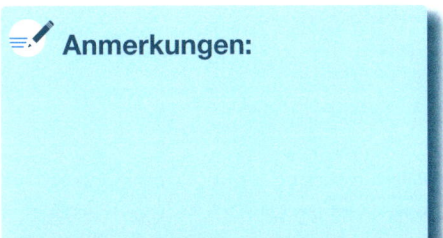

Anmerkungen:

25 croire *glauben*

Indicatif

Présent

je	crois
tu	crois
il	croit
nous	croyons
vous	croyez
ils	croient

Passé composé

j'	ai	cru
tu	as	cru
il	a	cru
nous	avons	cru
vous	avez	cru
ils	ont	cru

Imparfait

je	croyais
tu	croyais
il	croyait
nous	croyions
vous	croyiez
ils	croyaient

Plus-que-parfait

j'	avais	cru
tu	avais	cru
il	avait	cru
nous	avions	cru
vous	aviez	cru
ils	avaient	cru

Passé simple

je	crus
tu	crus
il	crut
nous	crûmes
vous	crûtes
ils	crurent

Passé antérieur

j'	eus	cru
tu	eus	cru
il	eut	cru
nous	eûmes	cru
vous	eûtes	cru
ils	eurent	cru

Futur simple

je	croirai
tu	croiras
il	croira
nous	croirons
vous	croirez
ils	croiront

Futur antérieur

j'	aurai	cru
tu	auras	cru
il	aura	cru
nous	aurons	cru
vous	aurez	cru
ils	auront	cru

Conditionnel

Présent

je	croirais
tu	croirais
il	croirait
nous	croirions
vous	croiriez
ils	croiraient

Passé

j'	aurais	cru
tu	aurais	cru
il	aurait	cru
nous	aurions	cru
vous	auriez	cru
ils	auraient	cru

Subjonctif

Présent

que je	croie
que tu	croies
qu' il	croie
que nous	croyions
que vous	croyiez
qu' ils	croient

Imparfait

que je	crusse
que tu	crusses
qu' il	crût
que nous	crussions
que vous	crussiez
qu' ils	crussent

Passé

que j'	aie	cru
que tu	aies	cru
qu' il	ait	cru
que nous	ayons	cru
que vous	ayez	cru
qu' ils	aient	cru

Plus-que-parfait

que j'	eusse	cru
que tu	eusses	cru
qu' il	eût	cru
que nous	eussions	cru
que vous	eussiez	cru
qu' ils	eussent	cru

Participe

Présent

croyant

Passé

cru(e)

Gérondif

en croyant

Impératif

crois
croyons
croyez

Infinitif passé

avoir cru

Anwendungsbeispiele

Je te **crois.** *Ich **glaube** dir.*
Il dit la vérité, **crois**-moi. *Er sagt die Wahrheit, das kannst du mir **glauben**.*
Je **crois que** vous avez raison. *Ich **glaube, dass** Sie recht haben.*
Désolée, je **croyais** arriver plus tôt. *Tut mir leid, ich **dachte, dass** ich früher ankommen würde.*
Il **a cru à** une erreur de calcul. *Er **hat geglaubt**, es wäre ein Rechenfehler.*
A en croire les journaux, l'inflation a baissé. ***Wenn man** den Zeitungen **Glauben schenken will**, ist die Inflation zurückgegangen.*
Il **se croit** persécuté. *Er **leidet** an Verfolgungswahn.*

Redewendungen

croire aux miracles *an Wunder glauben*
croire en Dieu *an Gott glauben*
croire qn. sur parole *jdm. aufs Wort glauben*
faire croire qc. à qn. *jdn. etw. glauben lassen*
se croire *sich für etw. halten*
ne pas en croire ses yeux *seinen Augen nicht trauen*

Andere Verben

douter *zweifeln*
contester *zweifeln/widersprechen*
nier *leugnen*
soupçonner *verdächtigen*

Gebrauch

Das Verb croire que wird im Aussagesatz mit dem Indicatif verwendet, in der Verneinung und in der Inversionsfrage jedoch mit dem Subjonctif:
Je **crois qu'**il **est** doué. *Ich **glaube**, dass er begabt **ist**.*
Croyez-vous qu'il **soit** doué ? ***Glauben** Sie, dass er begabt **ist**?*
Je **ne crois pas qu'**il **soit** doué. *Ich **glaube nicht**, dass er begabt **ist**.*

Anmerkungen:

26 croître *wachsen*

Indicatif

Présent

je	croîs
tu	croîs
il	croît
nous	croissons
vous	croissez
ils	croissent

Passé composé

j'	ai	crû
tu	as	crû
il	a	crû
nous	avons	crû
vous	avez	crû
ils	ont	crû

Imparfait

je	croissais
tu	croissais
il	croissait
nous	croissions
vous	croissiez
ils	croissaient

Plus-que-parfait

j'	avais	crû
tu	avais	crû
il	avait	crû
nous	avions	crû
vous	aviez	crû
ils	avaient	crû

Passé simple

je	crûs
tu	crûs
il	crût
nous	crûmes
vous	crûtes
ils	crûrent

Passé antérieur

j'	eus	crû
tu	eus	crû
il	eut	crû
nous	eûmes	crû
vous	eûtes	crû
ils	eurent	crû

Futur simple

je	croîtrai
tu	croîtras
il	croîtra
nous	croîtrons
vous	croîtrez
ils	croîtront

Futur antérieur

j'	aurai	crû
tu	auras	crû
il	aura	crû
nous	aurons	crû
vous	aurez	crû
ils	auront	crû

Conditionnel

Présent

je	croîtrais
tu	croîtrais
il	croîtrait
nous	croîtrions
vous	croîtriez
ils	croîtraient

Passé

j'	aurais	crû
tu	aurais	crû
il	aurait	crû
nous	aurions	crû
vous	auriez	crû
ils	auraient	crû

Subjonctif

Présent

que je	croisse
que tu	croisses
qu' il	croisse
que nous	croissions
que vous	croissiez
qu' ils	croissent

Imparfait

que je	crûsse
que tu	crûsses
qu' il	crût
que nous	crûssions
que vous	crûssiez
qu' ils	crûssent

Passé

que j'	aie	crû
que tu	aies	crû
qu' il	ait	crû
que nous	ayons	crû
que vous	ayez	crû
qu' ils	aient	crû

Plus-que-parfait

que j'	eusse	crû
que tu	eusses	crû
qu' il	eût	crû
que nous	eussions	crû
que vous	eussiez	crû
qu' ils	eussent	crû

Participe

Présent

croissant

Passé

crû/cru(e)s

Gérondif

en croissant

Impératif

croîs
croissons
croissez

Infinitif passé

avoir crû

Anwendungsbeispiele

Cet arbre **croît** très lentement. *Dieser Baum **wächst** sehr langsam.*
Il **croît** du café sur ces terres. *Auf diesem Boden **wächst** Kaffee.*
La lune **croît**. *Der Mond **nimmt zu**.*
L'année dernière, la production de blé **a crû de** 5 %. *Die Weizenproduktion **ist** letztes Jahr **um** 5 % **gestiegen**.*
Leurs difficultés **vont croissant**. *Ihre Schwierigkeiten **nehmen zu**.*

Redewendungen

ne pas cesser de croître *nicht aufhören zu wachsen*
croître en beauté *hübscher werden*
croître en intensité *stärker werden*
croître en valeur *wertvoller werden*
se laisser croître la barbe *sich einen Bart wachsen lassen*

Ähnliche Verben

augmenter *zunehmen*
pousser *wachsen/gedeihen*
grandir *wachsen/größer werden*
grossir *zunehmen*
se développer *sich entwickeln*
accroître *vergrößern/verstärken*
décroître *abnehmen/sich verringern*

Aufgepasst!

Achten Sie bitte darauf, dass vor dem -t stets der Accent circonflexe steht. Dies ist auch bei all jenen Formen der Fall, wo der Accent circonflexe nötig ist, um croître von croire zu unterscheiden:
Tu croîs en sagesse. *Du **wirst immer** weiser.* (aber: tu crois *du glaubst*)
Il a beaucoup **crû** ces derniers jours. *Er **hat** in den letzen Tagen stark **zugenommen**.* (aber: il a cru *er hat geglaubt*)
Im Femininum sowie im Plural steht das Participe passé ohne den Accent circonflexe: La rivière **est crue**. *Der Fluss **steigt**.*

Tipps & Tricks

Auch accroître *zunehmen* und décroître *abnehmen* folgen diesem Konjugationsmuster (▶ Alphabetische Verbliste). Bei diesen Verben steht das -î nur vor dem -t. Das Participe passé von décroître ist unveränderlich.

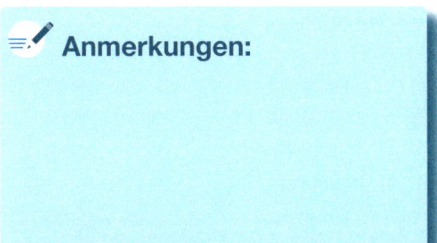

Anmerkungen:

27 cueillir *pflücken*

Indicatif

Présent

je	cueille
tu	cueilles
il	cueille
nous	cueillons
vous	cueillez
ils	cueillent

Passé composé

j'	ai	cueilli
tu	as	cueilli
il	a	cueilli
nous	avons	cueilli
vous	avez	cueilli
ils	ont	cueilli

Imparfait

je	cueillais
tu	cueillais
il	cueillait
nous	cueillions
vous	cueilliez
ils	cueillaient

Plus-que-parfait

j'	avais	cueilli
tu	avais	cueilli
il	avait	cueilli
nous	avions	cueilli
vous	aviez	cueilli
ils	avaient	cueilli

Passé simple

je	cueillis
tu	cueillis
il	cueillit
nous	cueillîmes
vous	cueillîtes
ils	cueillirent

Passé antérieur

j'	eus	cueilli
tu	eus	cueilli
il	eut	cueilli
nous	eûmes	cueilli
vous	eûtes	cueilli
ils	eurent	cueilli

Futur simple

je	cueillerai
tu	cueilleras
il	cueillera
nous	cueillerons
vous	cueillerez
ils	cueilleront

Futur antérieur

j'	aurai	cueilli
tu	auras	cueilli
il	aura	cueilli
nous	aurons	cueilli
vous	aurez	cueilli
ils	auront	cueilli

Conditionnel

Présent

je	cueillerais
tu	cueillerais
il	cueillerait
nous	cueillerions
vous	cueilleriez
ils	cueilleraient

Passé

j'	aurais	cueilli
tu	aurais	cueilli
il	aurait	cueilli
nous	aurions	cueilli
vous	auriez	cueilli
ils	auraient	cueilli

Subjonctif

Présent

que je	cueille
que tu	cueilles
qu' il	cueille
que nous	cueillions
que vous	cueilliez
qu' ils	cueillent

Imparfait

que je	cueillisse
que tu	cueillisses
qu' il	cueillît
que nous	cueillissions
que vous	cueillissiez
qu' ils	cueillissent

Passé

que j'	aie	cueilli
que tu	aies	cueilli
qu' il	ait	cueilli
que nous	ayons	cueilli
que vous	ayez	cueilli
qu' ils	aient	cueilli

Plus-que-parfait

que j'	eusse	cueilli
que tu	eusses	cueilli
qu' il	eût	cueilli
que nous	eussions	cueilli
que vous	eussiez	cueilli
qu' ils	eussent	cueilli

Participe

Présent

cueillant

Passé

cueilli(e)

Gérondif

en cueillant

Impératif

cueille
cueillons
cueillez

Infinitif passé

avoir cueilli

Anwendungsbeispiele

Allons **cueillir** les cerises dans le verger ! *Lasst uns die Kirschen im Obstgarten* ***ernten****!*
Ces fruits sont prêts à **cueillir**. *Diese Früchte können* ***geerntet werden****.*
Il est venu nous **cueillir à** la gare. *Er* ***hat*** *uns* ***am*** *Bahnhof* ***abgeholt****.*
Les fraises **se cueillent à** la main. *Erdbeeren werden* ***von*** *Hand* ***geerntet****.*
Le voleur s'est fait **cueillir** à la sortie de la banque. *Der Dieb* ***wurde*** *am Ausgang der Bank* ***erwischt****.*

Redewendungen

cueillir des champignons *Pilze sammeln*
cueillir des fraises *Erdbeeren pflücken*
cueillir des fleurs *Blumen pflücken*
cueillir un voleur *einen Dieb schnappen*
cueillir un baiser *einen Kuss erhaschen*
se faire cueillir *sich erwischen lassen*

Ähnliche Verben

ramasser *sammeln*
récolter *ernten*
chercher *holen/suchen*
arrêter *festnehmen/schnappen*
accueillir *empfangen/aufnehmen*
recueillir *sammeln/gewinnen*

Aufgepasst!

Achten Sie bitte auch auf die Schreibweise und die Aussprache von c**uei**llir!

Außer im Passé simple, im Subjonctif imparfait und beim Participe passé hat cueillir das gleiche Konjugationsmuster wie ein Verb der 1. Gruppe:
Elle cueill**e** des roses. *Sie pflückt Rosen.*
Elle cueill**ait** des roses. *Sie pflückte Rosen.*
Je cueill**erai** des cèpes. *Ich werde Steinpilze sammeln.*

Tipps & Tricks

Die Verben accueillir *empfangen/aufnehmen* und recueillir *sammeln/gewinnen* haben das gleiche Konjugationsmuster (▶ Alphabetische Verbliste).

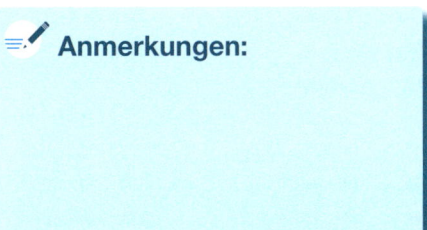

Anmerkungen:

28 devoir *müssen*

Modalverb

Indicatif

Présent

je	dois
tu	dois
il	doit
nous	devons
vous	devez
ils	doivent

Passé composé

j'	ai	dû
tu	as	dû
il	a	dû
nous	avons	dû
vous	avez	dû
ils	ont	dû

Imparfait

je	devais
tu	devais
il	devait
nous	devions
vous	deviez
ils	devaient

Plus-que-parfait

j'	avais	dû
tu	avais	dû
il	avait	dû
nous	avions	dû
vous	aviez	dû
ils	avaient	dû

Passé simple

je	dus
tu	dus
il	dut
nous	dûmes
vous	dûtes
ils	durent

Passé antérieur

j'	eus	dû
tu	eus	dû
il	eut	dû
nous	eûmes	dû
vous	eûtes	dû
ils	eurent	dû

Futur simple

je	devrai
tu	devras
il	devra
nous	devrons
vous	devrez
ils	devront

Futur antérieur

j'	aurai	dû
tu	auras	dû
il	aura	dû
nous	aurons	dû
vous	aurez	dû
ils	auront	dû

Conditionnel

Présent

je	devrais
tu	devrais
il	devrait
nous	devrions
vous	devriez
ils	devraient

Passé

j'	aurais	dû
tu	aurais	dû
il	aurait	dû
nous	aurions	dû
vous	auriez	dû
ils	auraient	dû

Subjonctif

Présent

que je	doive
que tu	doives
qu' il	doive
que nous	devions
que vous	deviez
qu' ils	doivent

Imparfait

que je	dusse
que tu	dusses
qu' il	dût
que nous	dussions
que vous	dussiez
qu' ils	dussent

Passé

que j'	aie	dû
que tu	aies	dû
qu' il	ait	dû
que nous	ayons	dû
que vous	ayez	dû
qu' ils	aient	dû

Plus-que-parfait

que j'	eusse	dû
que tu	eusses	dû
qu' il	eût	dû
que nous	eussions	dû
que vous	eussiez	dû
qu' ils	eussent	dû

Participe

Présent

devant

Passé

dû/due/du(e)s

Gérondif

en devant

Impératif

dois
devons
devez

Infinitif passé

avoir dû

Anwendungsbeispiele

N'oublie pas que tu **dois** de l'argent **au** fisc ! *Vergiss nicht, dass du dem Finanzamt Geld **schuldest**!*
Combien je vous **dois** ? *Wie viel **schulde** ich Ihnen?*
Cela m'**est dû**. *Es **steht** mir **zu**.*
Tu ne **dois** plus faire ça ! *Das **darfst** du nicht mehr tun!*
Comme il **se doit**. *Wie es **sich gehört**.*
Il **a dû** s'absenter. *Er **muss wohl** weggegangen sein.*
Cela **devait** arriver ! *Es **war klar**, dass das passieren würde!*
Si cela **devait** arriver, je partirais. ***Sollte** das eintreten, würde ich gehen.*
Tu **devrais** avoir honte ! *Du **solltest** dich schämen!*

Sprichwörter

Fais ce que tu **dois**, advienne que pourra. *Tu, was du musst, komme, was wolle.*
Promesse fait **devoir**. *Versprechen muss man halten.*
Devoir à Dieu et au diable. *Gott und dem Teufel schuldig sein.*

Ähnliche Verben

être obligé de faire qc. *verpflichtet sein, etw. zu tun*
être probable que … *wahrscheinlich sein, dass …*

Gebrauch

Das Verb devoir wird meist mit einer Infinitivergänzung verwendet und drückt eine Wahrscheinlichkeit oder eine Pflicht aus:
Je **dois** terminer mon travail d'ici demain. *Ich **muss** meine Arbeit bis morgen fertigbringen.*
Le soleil se lève. Il **doit** être six heures. *Die Sonne geht auf. Es **muss** sechs Uhr sein.*
Prägen Sie sich die verschiedenen Übersetzungsmöglichkeiten in den Anwendungsbeispielen oben gut ein! Das Verb devoir kann im Deutschen *müssen*, *sollen* oder auch *dürfen* heißen.

Anmerkungen:

29 dire *sagen*

Indicatif

Présent

je	dis
tu	dis
il	dit
nous	disons
vous	dites
ils	disent

Passé composé

j'	ai	dit
tu	as	dit
il	a	dit
nous	avons	dit
vous	avez	dit
ils	ont	dit

Imparfait

je	disais
tu	disais
il	disait
nous	disions
vous	disiez
ils	disaient

Plus-que-parfait

j'	avais	dit
tu	avais	dit
il	avait	dit
nous	avions	dit
vous	aviez	dit
ils	avaient	dit

Passé simple

je	dis
tu	dis
il	dit
nous	dîmes
vous	dîtes
ils	dirent

Passé antérieur

j'	eus	dit
tu	eus	dit
il	eut	dit
nous	eûmes	dit
vous	eûtes	dit
ils	eurent	dit

Futur simple

je	dirai
tu	diras
il	dira
nous	dirons
vous	direz
ils	diront

Futur antérieur

j'	aurai	dit
tu	auras	dit
il	aura	dit
nous	aurons	dit
vous	aurez	dit
ils	auront	dit

Conditionnel

Présent

je	dirais
tu	dirais
il	dirait
nous	dirions
vous	diriez
ils	diraient

Passé

j'	aurais	dit
tu	aurais	dit
il	aurait	dit
nous	aurions	dit
vous	auriez	dit
ils	auraient	dit

Subjonctif

Présent

que je	dise
que tu	dises
qu' il	dise
que nous	disions
que vous	disiez
qu' ils	disent

Imparfait

que je	disse
que tu	disses
qu' il	dît
que nous	dissions
que vous	dissiez
qu' ils	dissent

Passé

que j'	aie	dit
que tu	aies	dit
qu' il	ait	dit
que nous	ayons	dit
que vous	ayez	dit
qu' ils	aient	dit

Plus-que-parfait

que j'	eusse	dit
que tu	eusses	dit
qu' il	eût	dit
que nous	eussions	dit
que vous	eussiez	dit
qu' ils	eussent	dit

Participe

Présent

disant

Passé

dit(e)

Gérondif

en disant

Impératif

dis
disons
dites

Infinitif passé

avoir dit

Anwendungsbeispiele

Il **dit à** son fils de faire moins de bruit. *Er **sagt** seinem Sohn, dass er leiser sein soll.*
Elle **a dit** qu'elle était malade. *Sie **hat gesagt**, dass sie krank ist.*
Son père **dit** être fatigué. *Ihr Vater **behauptet**, müde zu sein.*
Tu lui feras **dire** que j'ai aimé son livre. *Lass ihm bitte **ausrichten**, dass mir sein Buch gut gefallen hat.*
On **dirait que** vous allez mieux ! *Man **könnte meinen, dass** es Ihnen besser geht!*
Mon nom ne lui **dira** rien. *Mein Name **wird** ihm nichts **sagen**.*

Redewendungen

dire bonjour *Hallo sagen/grüßen*
dire qc. tout haut/tout bas *etw. laut/leise sagen*
trouver qc. à dire *etw. zu sagen haben*
dire du bien/du mal de qn. *Gutes/Schlechtes über jdn. sagen*

Ähnliche Verben

prononcer *aussprechen*
expliquer *erklären*
affirmer *behaupten*
raconter *erzählen*
contredire *widersprechen*
interdire *verbieten*
médire *schlecht über jdn. sprechen*
redire *wieder/noch mal sagen*

Aufgepasst!

Achten Sie bitte auf das -t in der 2. Person Plural des Indicatif présent und des Impératif:
Qu'est-ce que vous di**t**es ? *Was **sagen** Sie?*
Di**t**es-moi ce que vous allez faire. ***Sagen** Sie mir, was Sie machen werden.*
Diese Schreibweise gilt aber nicht für die Verben contredire *widersprechen*, interdire *verbieten*, médire *schlecht über jdn. sprechen* und prédire *vorhersagen*:
Vous me contredi**sez** tout le temps ! *Sie **widersprechen** mir dauernd!*

Anmerkungen:

30 dormir *schlafen*

Indicatif

Présent

je	dors
tu	dors
il	dort
nous	dormons
vous	dormez
ils	dorment

Passé composé

j'	ai	dormi
tu	as	dormi
il	a	dormi
nous	avons	dormi
vous	avez	dormi
ils	ont	dormi

Imparfait

je	dormais
tu	dormais
il	dormait
nous	dormions
vous	dormiez
ils	dormaient

Plus-que-parfait

j'	avais	dormi
tu	avais	dormi
il	avait	dormi
nous	avions	dormi
vous	aviez	dormi
ils	avaient	dormi

Passé simple

je	dormis
tu	dormis
il	dormit
nous	dormîmes
vous	dormîtes
ils	dormirent

Passé antérieur

j'	eus	dormi
tu	eus	dormi
il	eut	dormi
nous	eûmes	dormi
vous	eûtes	dormi
ils	eurent	dormi

Futur simple

je	dormirai
tu	dormiras
il	dormira
nous	dormirons
vous	dormirez
ils	dormiront

Futur antérieur

j'	aurai	dormi
tu	auras	dormi
il	aura	dormi
nous	aurons	dormi
vous	aurez	dormi
ils	auront	dormi

Conditionnel

Présent

je	dormirais
tu	dormirais
il	dormirait
nous	dormirions
vous	dormiriez
ils	dormiraient

Passé

j'	aurais	dormi
tu	aurais	dormi
il	aurait	dormi
nous	aurions	dormi
vous	auriez	dormi
ils	auraient	dormi

Subjonctif

Présent

que je	dorme
que tu	dormes
qu' il	dorme
que nous	dormions
que vous	dormiez
qu' ils	dorment

Imparfait

que je	dormisse
que tu	dormisses
qu' il	dormît
que nous	dormissions
que vous	dormissiez
qu' ils	dormissent

Passé

que j'	aie	dormi
que tu	aies	dormi
qu' il	ait	dormi
que nous	ayons	dormi
que vous	ayez	dormi
qu' ils	aient	dormi

Plus-que-parfait

que j'	eusse	dormi
que tu	eusses	dormi
qu' il	eût	dormi
que nous	eussions	dormi
que vous	eussiez	dormi
qu' ils	eussent	dormi

Participe

Présent

dormant

Passé

dormi

Gérondif

en dormant

Impératif

dors
dormons
dormez

Infinitif passé

avoir dormi

Anwendungsbeispiele

Elle **dort** mal. *Sie **schläft** schlecht.*
Nous **avons dormi chez** des amis. *Wir **haben bei** Freunden **übernachtet**.*
Je ne **dormais** que d'un œil. *Ich **war** nur **im Halbschlaf**.*
Cela ne m'empêche pas de **dormir**. *Das bereitet mir keine **schlaf**losen Nächte.*
Le bébé **dort à** poings fermés. *Das Baby **schläft** ganz tief.*
L'homme **dormait en** paix. *Der Mann **ruhte in** Frieden.*
Je n'**en dors** plus. *Das **bringt** mich **um** den Schlaf.*
Tu **dors** debout. *Du **schläfst** im Stehen (**ein**).*
C'est une histoire à **dormir** debout. *Das ist eine **verrückte** Geschichte.*
Son argent **dort à** la banque. *Sein Geld **liegt** nutzlos **auf** der Bank.*
J'**ai dormi comme** un loir. *Ich **habe wie** ein Murmeltier **geschlafen**.*

Witz

« Mon cher Monsieur, savez-vous que votre chien aboie toutes les nuits ? »
« Oh, ça ne fait rien, il **dort** dans la journée ! »

Ähnliche Verben

sommeiller *schlummern*
somnoler *dösen*
(se) reposer *(sich) ausruhen/ruhen*
se coucher *ins Bett gehen*
(s')endormir *einschlafen*
(se) rendormir *wieder einschlafen*

Aufgepasst!

Das Participe passé von dormir ist unveränderlich:
Les enfants **ont** bien **dormi**. *Die Kinder **haben** gut **geschlafen**.*
Dies gilt jedoch nicht für die Verben (s')endormir *einschlafen* und (se) rendormir *wieder einschlafen*:
Les enfants **s'étaient endormis**. *Die Kinder **waren eingeschlafen**.*
Elles **se sont** vite **rendormies**. *Sie **sind** schnell **wieder eingeschlafen**.*

Anmerkungen:

31 écrire *schreiben*

Indicatif

Présent

j'	écris
tu	écris
il	écrit
nous	écrivons
vous	écrivez
ils	écrivent

Passé composé

j'	ai	écrit
tu	as	écrit
il	a	écrit
nous	avons	écrit
vous	avez	écrit
ils	ont	écrit

Imparfait

j'	écrivais
tu	écrivais
il	écrivait
nous	écrivions
vous	écriviez
ils	écrivaient

Plus-que-parfait

j'	avais	écrit
tu	avais	écrit
il	avait	écrit
nous	avions	écrit
vous	aviez	écrit
ils	avaient	écrit

Passé simple

j'	écrivis
tu	écrivis
il	écrivit
nous	écrivîmes
vous	écrivîtes
ils	écrivirent

Passé antérieur

j'	eus	écrit
tu	eus	écrit
il	eut	écrit
nous	eûmes	écrit
vous	eûtes	écrit
ils	eurent	écrit

Futur simple

j'	écrirai
tu	écriras
il	écrira
nous	écrirons
vous	écrirez
ils	écriront

Futur antérieur

j'	aurai	écrit
tu	auras	écrit
il	aura	écrit
nous	aurons	écrit
vous	aurez	écrit
ils	auront	écrit

Conditionnel

Présent

j'	écrirais
tu	écrirais
il	écrirait
nous	écririons
vous	écririez
ils	écriraient

Passé

j'	aurais	écrit
tu	aurais	écrit
il	aurait	écrit
nous	aurions	écrit
vous	auriez	écrit
ils	auraient	écrit

Subjonctif

Présent

que j'	écrive
que tu	écrives
qu' il	écrive
que nous	écrivions
que vous	écriviez
qu' ils	écrivent

Imparfait

que j'	écrivisse
que tu	écrivisses
qu' il	écrivît
que nous	écrivissions
que vous	écrivissiez
qu' ils	écrivissent

Passé

que j'	aie	écrit
que tu	aies	écrit
qu' il	ait	écrit
que nous	ayons	écrit
que vous	ayez	écrit
qu' ils	aient	écrit

Plus-que-parfait

que j'	eusse	écrit
que tu	eusses	écrit
qu' il	eût	écrit
que nous	eussions	écrit
que vous	eussiez	écrit
qu' ils	eussent	écrit

Participe

Présent

écrivant

Passé

écrit(e)

Gérondif

en écrivant

Impératif

écris
écrivons
écrivez

Infinitif passé

avoir écrit

Anwendungsbeispiele

L'enfant **a écrit** son nom **au** tableau. *Das Kind **hat** seinen Namen **auf** die Tafel **geschrieben**.*

Ecrivez vos noms et adresses **sur** une feuille papier. ***Schreiben** Sie bitte Ihre Namen und Adressen **auf** ein Blatt Papier.*

Je venais d'**écrire** une lettre **à** mes parents. *Ich **hatte** gerade meinen Eltern einen Brief **geschrieben**.*

C'**est écrit dans** le journal. *Es **steht in** der Zeitung.*

Comment votre nom **s'écrit**-il ? *Wie **schreibt** man Ihren Namen?*

Il **est écrit** que nous raterons toujours le début du film. *Es **ist** anscheinend **Schicksal**, dass wir immer den Anfang des Films verpassen.*

Redewendungen

écrire à la main/à l'ordinateur *mit der Hand/mit dem Computer schreiben*

écrire au crayon à papier/au stylo *mit dem Bleistift/Kugelschreiber schreiben*

ne savoir ni lire ni écrire *weder lesen noch schreiben können*

écrire en toutes lettres *schwarz auf weiß (geschrieben) besitzen*

écrire un livre/un roman/un poème *ein Buch/einen Roman/ein Gedicht schreiben*

Ähnliche Verben

rédiger *schreiben*

correspondre *schreiben/korrespondieren*

expliquer *erklären*

inscrire *aufschreiben*

décrire *beschreiben*

récrire *wieder schreiben*

Aufgepasst!

Prägen Sie sich die Schreibweise des Participe passé mit -it ein:

C'**est écrit** à la page 10. *Es **steht** auf Seite 10.*

Beachten Sie ferner die Stammänderungen auf écriv- in vielen Formen:

Je veux que tu **écrives** cette lettre immédiatement. *Ich will, dass du diesen Brief sofort **schreibst**.*

Tipps & Tricks

Die Wörter l'écriture *die Schreibweise*, l'écrivain(e) *der Schriftsteller/die Schriftstellerin* und l'écriteau *das Schild* gehören der gleichen Wortfamilie an.

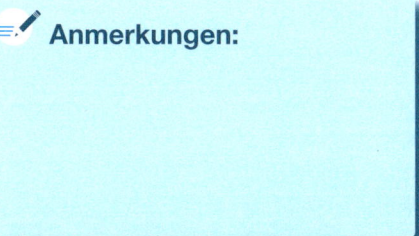

Anmerkungen:

32 employer *beschäftigen/verwenden*

-y → -i vor stummem -e

Indicatif

Présent

j'	emploie
tu	emploies
il	emploie
nous	employons
vous	employez
ils	emploient

Passé composé

j'	ai	employé
tu	as	employé
il	a	employé
nous	avons	employé
vous	avez	employé
ils	ont	employé

Imparfait

j'	employais
tu	employais
il	employait
nous	employions
vous	employiez
ils	employaient

Plus-que-parfait

j'	avais	employé
tu	avais	employé
il	avait	employé
nous	avions	employé
vous	aviez	employé
ils	avaient	employé

Passé simple

j'	employai
tu	employas
il	employa
nous	employâmes
vous	employâtes
ils	employèrent

Passé antérieur

j'	eus	employé
tu	eus	employé
il	eut	employé
nous	eûmes	employé
vous	eûtes	employé
ils	eurent	employé

Futur simple

j'	emploierai
tu	emploieras
il	emploiera
nous	emploierons
vous	emploierez
ils	emploieront

Futur antérieur

j'	aurai	employé
tu	auras	employé
il	aura	employé
nous	aurons	employé
vous	aurez	employé
ils	auront	employé

Conditionnel

Présent

j'	emploierais
tu	emploierais
il	emploierait
nous	emploierions
vous	emploieriez
ils	emploieraient

Passé

j'	aurais	employé
tu	aurais	employé
il	aurait	employé
nous	aurions	employé
vous	auriez	employé
ils	auraient	employé

Subjonctif

Présent

que j'	emploie
que tu	emploies
qu' il	emploie
que nous	employions
que vous	employiez
qu' ils	emploient

Imparfait

que j'	employasse
que tu	employasses
qu' il	employât
que nous	employassions
que vous	employassiez
qu' ils	employassent

Passé

que j'	aie	employé
que tu	aies	employé
qu' il	ait	employé
que nous	ayons	employé
que vous	ayez	employé
qu' ils	aient	employé

Plus-que-parfait

que j'	eusse	employé
que tu	eusses	employé
qu' il	eût	employé
que nous	eussions	employé
que vous	eussiez	employé
qu' ils	eussent	employé

Participe

Présent

employant

Passé

employé(e)

Gérondif

en employant

Impératif

emploie
employons
employez

Infinitif passé

avoir employé

Anwendungsbeispiele

Cette entreprise **employait** plus de mille personnes. *Diese Firma* ***beschäftigte*** *mehr als tausend Mitarbeiter.*
On l'**emploie à** de menus travaux. *Wir* ***setzen*** *ihn für Kleinarbeiten* ***ein.***
Le gouvernement **s'emploie à** réduire le chômage. *Die Regierung* ***setzt sich dafür ein****, dass die Arbeitslosigkeit zurückgeht.*
Ce mot ne **s'emploie** plus. *Dieses Wort* ***wird*** *nicht mehr* ***verwendet.***

Redewendungen

employer les grands moyens *zum letzten Mittel greifen*
employer la force *Gewalt anwenden*
employer des heures à faire qc. *Stunden brauchen, um etw. zu tun*
être employé dans une entreprise *bei einer Firma angestellt sein*
s'employer de son mieux à faire qc. *sein Bestes/Möglichstes geben, um etw. zu tun*
employer une certaine somme d'argent pour qc. *eine bestimmte Geldsumme für etw. ver-/aufwenden*

Ähnliche Verben

utiliser *verwenden*
se servir de *benutzen*
recourir à *zurückgreifen auf*
embaucher *einstellen*
engager *einstellen*
réemployer *wieder verwenden/einstellen*

Aufgepasst!

Achten Sie auf den Wechsel von -y zu -i vor einem stummen -e:
Nous **emploierons** un mélange de bleu et de vert. *Wir* ***werden*** *eine Mischung aus Blau und Grün* ***verwenden.***
Cette société **emploie** beaucoup d'ingénieurs. *Diese Firma* ***beschäftigt*** *viele Ingenieure.*

Tipps & Tricks

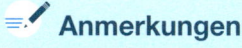

Lernen Sie auch gleich noch ein paar Wörter der gleichen Wortfamilie mit: un/une employé(e) *ein(e) Angestellte(r)*, un emploi *ein Arbeitsplatz* und un employeur *ein Arbeitgeber*.

Anmerkungen:

33 envoyer *senden*

-y → -i vor stummem -e

Indicatif

Présent

j'	envoie
tu	envoies
il	envoie
nous	envoyons
vous	envoyez
ils	envoient

Passé composé

j'	ai	envoyé
tu	as	envoyé
il	a	envoyé
nous	avons	envoyé
vous	avez	envoyé
ils	ont	envoyé

Imparfait

j'	envoyais
tu	envoyais
il	envoyait
nous	envoyions
vous	envoyiez
ils	envoyaient

Plus-que-parfait

j'	avais	envoyé
tu	avais	envoyé
il	avait	envoyé
nous	avions	envoyé
vous	aviez	envoyé
ils	avaient	envoyé

Passé simple

j'	envoyai
tu	envoyas
il	envoya
nous	envoyâmes
vous	envoyâtes
ils	envoyèrent

Passé antérieur

j'	eus	envoyé
tu	eus	envoyé
il	eut	envoyé
nous	eûmes	envoyé
vous	eûtes	envoyé
ils	eurent	envoyé

Futur simple

j'	enverrai
tu	enverras
il	enverra
nous	enverrons
vous	enverrez
ils	enverront

Futur antérieur

j'	aurai	envoyé
tu	auras	envoyé
il	aura	envoyé
nous	aurons	envoyé
vous	aurez	envoyé
ils	auront	envoyé

Conditionnel

Présent

j'	enverrais
tu	enverrais
il	enverrait
nous	enverrions
vous	enverriez
ils	enverraient

Passé

j'	aurais	envoyé
tu	aurais	envoyé
il	aurait	envoyé
nous	aurions	envoyé
vous	auriez	envoyé
ils	auraient	envoyé

Subjonctif

Présent

que j'	envoie
que tu	envoies
qu' il	envoie
que nous	envoyions
que vous	envoyiez
qu' ils	envoient

Imparfait

que j'	envoyasse
que tu	envoyasses
qu' il	envoyât
que nous	envoyassions
que vous	envoyassiez
qu' ils	envoyassent

Passé

que j'	aie	envoyé
que tu	aies	envoyé
qu' il	ait	envoyé
que nous	ayons	envoyé
que vous	ayez	envoyé
qu' ils	aient	envoyé

Plus-que-parfait

que j'	eusse	envoyé
que tu	eusses	envoyé
qu' il	eût	envoyé
que nous	eussions	envoyé
que vous	eussiez	envoyé
qu' ils	eussent	envoyé

Participe

Présent

envoyant

Passé

envoyé(e)

Gérondif

en envoyant

Impératif

envoie
envoyons
envoyez

Infinitif passé

avoir envoyé

Anwendungsbeispiele

J'**ai envoyé** mon fils **à** la boulangerie. *Ich **habe** meinen Sohn **zur** Bäckerei geschickt.*
Elle **a envoyé** Paul faire les courses. *Sie **hat** Paul zum Einkaufen **geschickt**.*
Il lui **a envoyé** un e-mail hier. *Er **hat** ihr gestern eine E-Mail **geschickt**.*
Ils **s'envoient** de longues lettres. *Sie **schicken sich** lange Briefe.*
Envoyez le film ! *Film ab!*
Il **a** tout **envoyé** promener. *Er **hat** alles **aufgegeben**.*

Redewendungen

envoyer une invitation à qn. *jdm. eine Einladung schicken*
envoyer qc. par la poste *etw. mit der Post versenden*
envoyer chercher qn. *jdn. abholen (lassen)*
envoyer promener qn. *jdn. abwimmeln*
envoyer ses vœux *eine Neujahrskarte schreiben*

Ähnliche Verben

expédier *schicken*
déclencher *auslösen*
(se) transmettre *sich (zu)schicken*
adresser *schicken*
renvoyer *zurückschicken*

Aufgepasst!

Achten Sie bitte auf die Schreibweise mit -i vor einem stummen -e:
Je t'**envoie** toute mon amitié. *Liebe Grüße*

Das Verb envoyer ist im Futur simple und im Conditionnel présent unregelmäßig:
Demain, je t'**enverrai** un paquet par la poste. *Morgen **werde** ich dir ein Paket mit der Post **schicken**.*
S'il allait mieux, le médecin l'**enverrait** se reposer à la montagne. *Wenn es ihm besser ginge, **würde** ihn der Arzt zur Erholung in die Berge **schicken**.*

Tipps & Tricks

Das Verb renvoyer *zurückschicken* hat das gleiche Konjugationsmuster (▷ Alphabetische Verbliste).

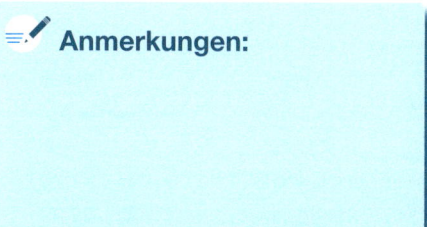

Anmerkungen:

34 essuyer *trocknen*

-y → -i vor stummem -e

Indicatif

Présent

j'	essuie
tu	essuies
il	essuie
nous	essuyons
vous	essuyez
ils	essuient

Passé composé

j'	ai	essuyé
tu	as	essuyé
il	a	essuyé
nous	avons	essuyé
vous	avez	essuyé
ils	ont	essuyé

Imparfait

j'	essuyais
tu	essuyais
il	essuyait
nous	essuyions
vous	essuyiez
ils	essuyaient

Plus-que-parfait

j'	avais	essuyé
tu	avais	essuyé
il	avait	essuyé
nous	avions	essuyé
vous	aviez	essuyé
ils	avaient	essuyé

Passé simple

j'	essuyai
tu	essuyas
il	essuya
nous	essuyâmes
vous	essuyâtes
ils	essuyèrent

Passé antérieur

j'	eus	essuyé
tu	eus	essuyé
il	eut	essuyé
nous	eûmes	essuyé
vous	eûtes	essuyé
ils	eurent	essuyé

Futur simple

j'	essuierai
tu	essuieras
il	essuiera
nous	essuierons
vous	essuierez
ils	essuieront

Futur antérieur

j'	aurai	essuyé
tu	auras	essuyé
il	aura	essuyé
nous	aurons	essuyé
vous	aurez	essuyé
ils	auront	essuyé

Conditionnel

Présent

j'	essuierais
tu	essuierais
il	essuierait
nous	essuierions
vous	essuieriez
ils	essuieraient

Passé

j'	aurais	essuyé
tu	aurais	essuyé
il	aurait	essuyé
nous	aurions	essuyé
vous	auriez	essuyé
ils	auraient	essuyé

Subjonctif

Présent

que j'	essuie
que tu	essuies
qu' il	essuie
que nous	essuyions
que vous	essuyiez
qu' ils	essuient

Imparfait

que j'	essuyasse
que tu	essuyasses
qu' il	essuyât
que nous	essuyassions
que vous	essuyassiez
qu' ils	essuyassent

Passé

que j'	aie	essuyé
que tu	aies	essuyé
qu' il	ait	essuyé
que nous	ayons	essuyé
que vous	ayez	essuyé
qu' ils	aient	essuyé

Plus-que-parfait

que j'	eusse	essuyé
que tu	eusses	essuyé
qu' il	eût	essuyé
que nous	eussions	essuyé
que vous	eussiez	essuyé
qu' ils	eussent	essuyé

Participe

Présent

essuyant

Passé

essuyé(e)

Gérondif

en essuyant

Impératif

essuie
essuyons
essuyez

Infinitif passé

avoir essuyé

Anwendungsbeispiele

Il **essuie** la vaisselle. *Er* ***trocknet*** *das Geschirr* ***ab****.*

Essuie tes pieds avant d'entrer. ***Tritt*** *bitte deine Schuhe* ***ab****, bevor du herein-kommst.*

Elle **s'essuie** la bouche **avec** sa serviette. *Sie* ***wischt sich*** *den Mund* ***mit*** *ihrer Serviette ab.*

Redewendungen

essuyer une tempête *einen Sturm über sich ergehen lassen*
essuyer le feu *unter Beschuss geraten*
essuyer les plâtres *dafür geradestehen*
essuyer ses lunettes *seine Brille putzen*
essuyer la poussière *Staub wischen*
s'essuyer les mains *sich die Hände abtrocknen*
essuyer la vaisselle *Geschirr abtrocknen*

Ähnliche Verben

sécher *abtrocknen*
nettoyer *putzen/sauber machen*
épousseter *abstauben*
dépoussiérer *abstauben*
endurer *einstecken/ertragen*
subir *erleiden/über sich ergehen lassen*

Aufgepasst!

Achten Sie bitte auf die Schreibweise mit -i vor einem stummen -e:

Elle **essuie** doucement les larmes du bébé. *Sie* ***wischt*** *sanft die Tränen des Babys* ***ab****.*

C'est moi qui **essuierai** les verres. *Ich* ***werde*** *die Gläser* ***abtrocknen****.*

Tu **essuies** l'eau qui est par terre, s'il te plaît ? ***Wischst*** *du bitte das Wasser vom Boden auf?*

Tipps & Tricks

Die Verben appuyer *drücken* und ennuyer *langweilen* haben das gleiche Konjugationsmuster (▶ Alphabetische Verbliste).

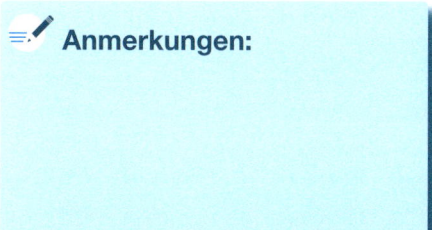

Anmerkungen:

35 extraire *herausholen/gewinnen*

-ai → -ay vor Vokalen

Indicatif

Présent

j'	extrais
tu	extrais
il	extrait
nous	extrayons
vous	extrayez
ils	extraient

Passé composé

j'	ai	extrait
tu	as	extrait
il	a	extrait
nous	avons	extrait
vous	avez	extrait
ils	ont	extrait

Imparfait

j'	extrayais
tu	extrayais
il	extrayait
nous	extrayions
vous	extrayiez
ils	extrayaient

Plus-que-parfait

j'	avais	extrait
tu	avais	extrait
il	avait	extrait
nous	avions	extrait
vous	aviez	extrait
ils	avaient	extrait

Passé simple

–
–
–
–
–
–

Passé antérieur

j'	eus	extrait
tu	eus	extrait
il	eut	extrait
nous	eûmes	extrait
vous	eûtes	extrait
ils	eurent	extrait

Futur simple

j'	extrairai
tu	extrairas
il	extraira
nous	extrairons
vous	extrairez
ils	extrairont

Futur antérieur

j'	aurai	extrait
tu	auras	extrait
il	aura	extrait
nous	aurons	extrait
vous	aurez	extrait
ils	auront	extrait

Conditionnel

Présent

j'	extrairais
tu	extrairais
il	extrairait
nous	extrairions
vous	extrairiez
ils	extrairaient

Passé

j'	aurais	extrait
tu	aurais	extrait
il	aurait	extrait
nous	aurions	extrait
vous	auriez	extrait
ils	auraient	extrait

Subjonctif

Présent

que j'	extraie
que tu	extraies
qu' il	extraie
que nous	extrayions
que vous	extrayiez
qu' ils	extraient

Imparfait

–
–
–
–
–
–

Passé

que j'	aie	extrait
que tu	aies	extrait
qu' il	ait	extrait
que nous	ayons	extrait
que vous	ayez	extrait
qu' ils	aient	extrait

Plus-que-parfait

que j'	eusse	extrait
que tu	eusses	extrait
qu' il	eût	extrait
que nous	eussions	extrait
que vous	eussiez	extrait
qu' ils	eussent	extrait

Participe

Présent

extrayant

Passé

extrait(e)

Gérondif

en extrayant

Impératif

extrais
extrayons
extrayez

Infinitif passé

avoir extrait

Anwendungsbeispiele

Dans cette région on **a extrait** du charbon jusque dans les années 70. *In diesem Gebiet **wurde** bis in die 70er-Jahre Kohle **gefördert**.*
On **a extrait** la balle **de** sa jambe. *Die Kugel **wurde aus** seinem Bein **entfernt**.*
Il **a extrait** ses clés **de** sa poche. *Er **hat** seine Schlüssel **aus** seiner Tasche **geholt**.*
J'**ai extrait** ce passage **d'**un livre de Marcel Proust. *Ich **habe** diese Stelle **aus** einem Buch von Marcel Proust **genommen**.*
Elle parvint avec difficulté à **s'extraire de** la voiture. *Sie hat es gerade noch geschafft, aus ihrem Auto **herauszukommen**.*

Witz

Dans un bar, un homme corpulent presse un citron dans son verre.
Son voisin lui demande : « Je peux vous emprunter votre citron pour mon Martini ? »
« Volontiers, mais vous n'en tirerez plus de jus. »
Ce dernier presse alors tranquillement le citron et parvient à en **extraire** une goutte.
L'autre, ébahi, lui demande : « Mais quel est donc votre métier ? »
« Je suis inspecteur des impôts. »

Ähnliche Verben

extirper *herausziehen*
arracher *herausziehen/herausreißen*
retirer *herausnehmen*
sortir de *herausziehen*

Aufgepasst!

Das -i wird vor Vokalen zu -y:
Nous **extrayons** de l'or. *Wir **extrahieren** Gold.*
Dans cette mine, on **extrayait** du minerai. *In diesem Bergwerk **wurde** Erz **gefördert**.*

Tipps & Tricks

Die Verben (se) distraire *(sich) unterhalten*, traire *melken* und soustraire *abziehen* werden ebenfalls nach diesem Muster konjugiert (▶ Alphabetische Verbliste).

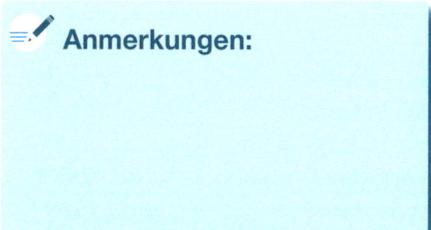

Anmerkungen:

36 faire *tun/machen*

Indicatif

Présent		Passé composé		
je	fais	j'	ai	fait
tu	fais	tu	as	fait
il	fait	il	a	fait
nous	faisons	nous	avons	fait
vous	faites	vous	avez	fait
ils	font	ils	ont	fait

Imparfait		Plus-que-parfait		
je	faisais	j'	avais	fait
tu	faisais	tu	avais	fait
il	faisait	il	avait	fait
nous	faisions	nous	avions	fait
vous	faisiez	vous	aviez	fait
ils	faisaient	ils	avaient	fait

Passé simple		Passé antérieur		
je	fis	j'	eus	fait
tu	fis	tu	eus	fait
il	fit	il	eut	fait
nous	fîmes	nous	eûmes	fait
vous	fîtes	vous	eûtes	fait
ils	firent	ils	eurent	fait

Futur simple		Futur antérieur		
je	ferai	j'	aurai	fait
tu	feras	tu	auras	fait
il	fera	il	aura	fait
nous	ferons	nous	aurons	fait
vous	ferez	vous	aurez	fait
ils	feront	ils	auront	fait

Conditionnel

Présent		Passé		
je	ferais	j'	aurais	fait
tu	ferais	tu	aurais	fait
il	ferait	il	aurait	fait
nous	ferions	nous	aurions	fait
vous	feriez	vous	auriez	fait
ils	feraient	ils	auraient	fait

Subjonctif

Présent

que je	fasse
que tu	fasses
qu' il	fasse
que nous	fassions
que vous	fassiez
qu' ils	fassent

Imparfait

que je	fisse
que tu	fisses
qu' il	fît
que nous	fissions
que vous	fissiez
qu' ils	fissent

Passé

que j'	aie	fait
que tu	aies	fait
qu' il	ait	fait
que nous	ayons	fait
que vous	ayez	fait
qu' ils	aient	fait

Plus-que-parfait

que j'	eusse	fait
que tu	eusses	fait
qu' il	eût	fait
que nous	eussions	fait
que vous	eussiez	fait
qu' ils	eussent	fait

Participe

Présent

faisant

Passé

fait(e)

Gérondif

en faisant

Impératif

fais
faisons
faites

Infinitif passé

avoir fait

Anwendungsbeispiele

Nous **avons fait** ce travail ensemble. *Wir **haben** diese Arbeit zusammen gemacht.*
Il **fait** des études de droit. *Er **studiert** Jura.*
Noémie **a fait** un gâteau **aux** enfants. *Noémie **hat** einen Kuchen **für** die Kinder gebacken.*
Il **fait** beau. *Es **ist** schönes Wetter.*
Je **ne fais que** dire la vérité. *Ich sage **bloß** die Wahrheit.*
Nous n'avons rien **à faire**. *Wir haben nichts **zu tun**.*
Sa maladie **fait qu**'il ne peut plus travailler. ***Wegen** seiner Krankheit kann er nicht mehr arbeiten.*
Il lui **fait faire** ses devoirs. *Er **hilft** ihr bei den Hausaufgaben.*
Je **me fais** du souci. *Ich **mache mir** Sorgen.*

Sprichwörter

Rome ne s'**est** pas **faite** en un jour. *Rom ist nicht an einem Tag erbaut worden.*
L'union **fait** la force. *Gemeinsam sind wir stark.*
Il n'est jamais trop tard pour bien **faire**. *Es ist nie zu spät, um die Dinge richtig zu machen.*

Ähnliche Verben

construire *bauen*
fabriquer *herstellen*
préparer *vorbereiten*
exécuter *ausführen*
refaire *wieder machen/tun*
défaire *auf-/abmachen*
satisfaire *zufriedenstellen*

Aufgepasst!

Prägen Sie sich die 2. Person Plural im Indicatif présent vous **faites** *ihr macht/Sie machen* gut ein.
Achten Sie ferner auf die Aussprache bei jenen Formen, wo das -s hörbar ist, wie beispielsweise bei nous **faisions** *wir machten*.

Tipps & Tricks

Genauso werden auch die Verben défaire *auf-/abmachen*, refaire *wieder machen/tun* und satisfaire *zufrieden-stellen* konjugiert (▶ Alphabetische Verbliste).

Anmerkungen:

37 faillir *beinahe tun*

Unvollständiges Verb

Indicatif

Présent

–	
–	
–	
–	
–	
–	

Passé composé

j'	ai	failli
tu	as	failli
il	a	failli
nous	avons	failli
vous	avez	failli
ils	ont	failli

Imparfait

–	
–	
–	
–	
–	
–	

Plus-que-parfait

j'	avais	failli
tu	avais	failli
il	avait	failli
nous	avions	failli
vous	aviez	failli
ils	avaient	failli

Passé simple

je	faillis
tu	faillis
il	faillit
nous	faillîmes
vous	faillîtes
ils	faillirent

Passé antérieur

j'	eus	failli
tu	eus	failli
il	eut	failli
nous	eûmes	failli
vous	eûtes	failli
ils	eurent	failli

Futur simple

je	faillirai
tu	failliras
il	faillira
nous	faillirons
vous	faillirez
ils	failliront

Futur antérieur

j'	aurai	failli
tu	auras	failli
il	aura	failli
nous	aurons	failli
vous	aurez	failli
ils	auront	failli

Conditionnel

Présent

je	faillirais
tu	faillirais
il	faillirait
nous	faillirions
vous	failliriez
ils	failliraient

Passé

j'	aurais	failli
tu	aurais	failli
il	aurait	failli
nous	aurions	failli
vous	auriez	failli
ils	auraient	failli

Subjonctif

Présent

–	
–	
–	
–	
–	
–	

Imparfait

–	
–	
–	
–	
–	
–	

Passé

que j'	aie	failli
que tu	aies	failli
qu' il	ait	failli
que nous	ayons	failli
que vous	ayez	failli
qu' ils	aient	failli

Plus-que-parfait

que j'	eusse	failli
que tu	eusses	failli
qu' il	eût	failli
que nous	eussions	failli
que vous	eussiez	failli
qu' ils	eussent	failli

Participe

Présent

faillant

Passé

failli

Gérondif

en faillant

Impératif

–

–

–

Infinitif passé

avoir failli

Anwendungsbeispiele

J'**ai failli** oublier que nous étions invités ce soir. *Ich **habe beinahe** vergessen, dass wir heute Abend eingeladen sind.*
Il **a failli** y arriver ! *Es **ist** ihm **beinahe** gelungen!*
Le ministre **a failli** être assassiné. *Der Minister **wurde beinahe** ermordet.*
Il **faillit** lui arriver un grand malheur. *Ihm **wäre beinahe** ein großes Unglück passiert.*
Cet homme **a failli à** sa promesse. *Dieser Mann **hat** sein Versprechen **gebrochen**.*
Il a résisté sans **faillir**. *Er widerstand, **ohne schwach zu werden**.*
Tu **avais failli** y croire. *Du **hättest beinahe** daran geglaubt.*
J'**ai** bien **failli** acheter cette voiture. ***Fast hätte** ich dieses Auto gekauft.*
Ma mémoire n'**a** pas **failli**. *Mein Gedächtnis **hat** mich nicht **im Stich gelassen**.*

Witz

Une piétonne **a failli** se faire écraser à un croisement.
La police demande à l'automobiliste : « Vous n'aviez pas vu le feu rouge ? »
« Bien sûr, monsieur l'agent, mais c'est la dame que je n'avais pas vue ! »

Ähnliche Verben

manquer de faire qc. *etw. beinahe tun*

Gebrauch

Das Verb faillir wird nur noch im Infinitiv, im Passé simple, im Futur, im Conditionnel und in den zusammengesetzten Zeiten verwendet.
Im Passé composé sind Wendungen mit faillir de + Infinitiv hingegen sehr geläufig:
Il **a failli** se brûler. *Er **hat** sich **beinahe** verbrannt.*
Notre projet **a failli** échouer. *Unser Projekt **ist beinahe** gescheitert.*
Merken Sie sich bitte auch, dass das Participe passé von faillir unveränderlich ist.

Anmerkungen:

38 falloir *nötig sein*

Unpersönliches, unvollständiges Verb

Indicatif

Présent	Passé composé
–	–
–	–
il faut	il a fallu
–	–
–	–
–	–

Imparfait	Plus-que-parfait
–	–
–	–
il fallait	il avait fallu
–	–
–	–
–	–

Passé simple	Passé antérieur
–	–
–	–
il fallut	il eut fallu
–	–
–	–
–	–

Futur simple	Futur antérieur
–	–
–	–
il faudra	il aura fallu
–	–
–	–
–	–

Subjonctif

Présent	Imparfait	Passé	Plus-que-parfait
–	–	–	–
–	–	–	–
qu'il faille	qu'il fallût	qu'il ait fallu	qu'il eût fallu
–	–	–	–
–	–	–	–
–	–	–	–

Conditionnel

Présent	Passé
–	–
–	–
il faudrait	il aurait fallu
–	–
–	–
–	–

Participe

Présent
–

Passé
fallu

Gérondif

–

Impératif

–
–
–

Infinitif passé

avoir fallu

Anwendungsbeispiele

Il **faut du** beurre pour faire un gâteau. *Man **braucht** Butter, um einen Kuchen zu backen.*
Que **faut**-il faire ? *Was **muss** getan werden?*
Il **faut** l'avertir. *Man **muss** ihn warnen.*
Il **faudra** que vous m'obéissiez. *Ihr **werdet** mir gehorchen **müssen**.*
Fais ton travail comme il **faut**. *Mach deine Arbeit, wie es **sich gehört**.*
Il ne **fallait** pas ! *Es **war** nicht **nötig**!*
Elle est toujours là quand il (le) **faut**. *Sie ist immer da, wenn man sie **braucht**.*
Il **s'en est fallu de peu** que nous rations notre avion. *Es **hat nicht viel gefehlt** und wir hätten beinahe unser Flugzeug verpasst.*

Sprichwörter

Rien ne sert de courir, il **faut** partir à point. *Das nutzt jetzt auch nichts mehr.*
Il ne **faut** pas vendre la peau de l'ours avant de l'avoir tué. *Man **soll** das Fell des Bären nicht verteilen, solange man ihn nicht erlegt hat.*
Il ne **faut** pas mettre la charrue avant les bœufs. *Man **soll** das Pferd nicht von hinten aufzäumen.*

Ähnliche Verben

être nécessaire *notwendig sein*
être obligatoire *Pflicht sein*
devoir *müssen*

Gebrauch

Als unpersönliches Verb wird falloir nur in der 3. Person Singular mit dem Pronomen il verwendet.
Vergessen Sie nicht, dass il faut que den Subjonctif verlangt:
Il **faut que tu viennes** tout de suite. *Du **musst** sofort **kommen**.*
Il **faut que tu fasses** ton travail. *Du **musst** deine Arbeit **erledigen**.*
Im Participe présent und im Impératif wird falloir nicht verwendet.

Tipps & Tricks

Redewendungen mit der Formulierung il faut que sind sehr geläufig, um Anweisungen und Befehle zum Ausdruck zu bringen!

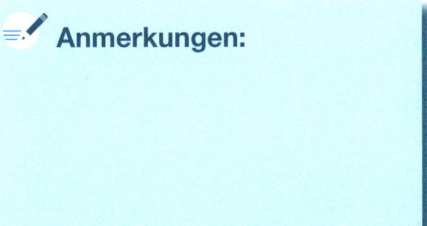

Anmerkungen:

39 fuir *fliehen*

-i → -y vor betonten Vokalen

Indicatif

Présent

je	fuis
tu	fuis
il	fuit
nous	fuyons
vous	fuyez
ils	fuient

Passé composé

j'	ai	fui
tu	as	fui
il	a	fui
nous	avons	fui
vous	avez	fui
ils	ont	fui

Imparfait

je	fuyais
tu	fuyais
il	fuyait
nous	fuyions
vous	fuyiez
ils	fuyaient

Plus-que-parfait

j'	avais	fui
tu	avais	fui
il	avait	fui
nous	avions	fui
vous	aviez	fui
ils	avaient	fui

Passé simple

je	fuis
tu	fuis
il	fuit
nous	fuîmes
vous	fuîtes
ils	fuirent

Passé antérieur

j'	eus	fui
tu	eus	fui
il	eut	fui
nous	eûmes	fui
vous	eûtes	fui
ils	eurent	fui

Futur simple

je	fuirai
tu	fuiras
il	fuira
nous	fuirons
vous	fuirez
ils	fuiront

Futur antérieur

j'	aurai	fui
tu	auras	fui
il	aura	fui
nous	aurons	fui
vous	aurez	fui
ils	auront	fui

Conditionnel

Présent

je	fuirais
tu	fuirais
il	fuirait
nous	fuirions
vous	fuiriez
ils	fuiraient

Passé

j'	aurais	fui
tu	aurais	fui
il	aurait	fui
nous	aurions	fui
vous	auriez	fui
ils	auraient	fui

Subjonctif

Présent

que je	fuie
que tu	fuies
qu' il	fuie
que nous	fuyions
que vous	fuyiez
qu' ils	fuient

Imparfait

que je	fuisse
que tu	fuisses
qu' il	fuît
que nous	fuissions
que vous	fuissiez
qu' ils	fuissent

Passé

que j'	aie	fui
que tu	aies	fui
qu' il	ait	fui
que nous	ayons	fui
que vous	ayez	fui
qu' ils	aient	fui

Plus-que-parfait

que j'	eusse	fui
que tu	eusses	fui
qu' il	eût	fui
que nous	eussions	fui
que vous	eussiez	fui
qu' ils	eussent	fui

Participe

Présent

fuyant

Passé

fui(e)

Gérondif

en fuyant

Impératif

fuis
fuyons
fuyez

Infinitif passé

avoir fui

Anwendungsbeispiele

Les biches **avaient fui dans** la forêt. *Die Hirschkühe **waren in** den Wald **geflüchtet**.*
Les soldats **ont fui devant** l'ennemi. *Die Soldaten **sind vor** dem Feind **geflohen**.*
Le petit garçon **a fui de** chez ses parents. *Der kleine Junge **ist von** zu Hause **weggelaufen**.*
Le robinet **fuit**. *Der Wasserhahn **tropft**.*
Le temps **fuit** à une telle vitesse. *Die Zeit **vergeht** so schnell.*
Il **fait fuir** les femmes. *Er **läuft vor** den Frauen **davon**.*

Redewendungen

fuir le danger *vor einer Gefahr fliehen*
fuir sa patrie *aus seiner Heimat fliehen*
fuir les problèmes *Problemen aus dem Weg gehen*
fuir ses responsabilités *die Verantwortung scheuen*
fuir à toutes jambes *Hals über Kopf fliehen*

Ähnliche Verben

se dérober *entgehen*
esquiver *aus dem Weg gehen*
se réfugier *flüchten*
partir *gehen*
s'enfuir *davonlaufen*

Aufgepasst!

Vor betonten Vokalen wird das -i vor dem stummen -e zu -y.
Beachten Sie daher die unterschiedliche Schreibweise von ils fuient *sie fliehen* und vous fu**y**ez *ihr flieht*.
Achten Sie auf die Schreibweise mit -yi in der 1. und 2. Person Plural im Imparfait sowie im Subjonctif présent, z. B. nous fu**yi**ons *wir flohen* und que vous fu**yi**ez *dass ihr flieht*.

Anmerkungen:

40 haïr *hassen*

Indicatif

Présent		Passé composé		
je	hais	j'	ai	haï
tu	hais	tu	as	haï
il	hait	il	a	haï
nous	haïssons	nous	avons	haï
vous	haïssez	vous	avez	haï
ils	haïssent	ils	ont	haï

Imparfait		Plus-que-parfait		
je	haïssais	j'	avais	haï
tu	haïssais	tu	avais	haï
il	haïssait	il	avait	haï
nous	haïssions	nous	avions	haï
vous	haïssiez	vous	aviez	haï
ils	haïssaient	ils	avaient	haï

Passé simple		Passé antérieur		
je	haïs	j'	eus	haï
tu	haïs	tu	eus	haï
il	haït	il	eut	haï
nous	haïmes	nous	eûmes	haï
vous	haïtes	vous	eûtes	haï
ils	haïrent	ils	eurent	haï

Futur simple		Futur antérieur		
je	haïrai	j'	aurai	haï
tu	haïras	tu	auras	haï
il	haïra	il	aura	haï
nous	haïrons	nous	aurons	haï
vous	haïrez	vous	aurez	haï
ils	haïront	ils	auront	haï

Conditionnel

Présent		Passé		
je	haïrais	j'	aurais	haï
tu	haïrais	tu	aurais	haï
il	haïrait	il	aurait	haï
nous	haïrions	nous	aurions	haï
vous	haïriez	vous	auriez	haï
ils	haïraient	ils	auraient	haï

Subjonctif

Présent	
que je	haïsse
que tu	haïsses
qu' il	haïsse
que nous	haïssions
que vous	haïssiez
qu' ils	haïssent

Imparfait	
que je	haïsse
que tu	haïsses
qu' il	haït
que nous	haïssions
que vous	haïssiez
qu' ils	haïssent

Passé		
que j'	aie	haï
que tu	aies	haï
qu' il	ait	haï
que nous	ayons	haï
que vous	ayez	haï
qu' ils	aient	haï

Plus-que-parfait		
que j'	eusse	haï
que tu	eusses	haï
qu' il	eût	haï
que nous	eussions	haï
que vous	eussiez	haï
qu' ils	eussent	haï

Participe

Présent

haïssant

Passé

haï(e)

Gérondif

en haïssant

Impératif

hais

haïssons

haïssez

Infinitif passé

avoir haï

Anwendungsbeispiele

Je **hais** la violence. *Ich **hasse** Gewalt.*

Quand ils étaient jeunes, ils **se haïssaient**. *Als sie jung waren, **hassten** sie **sich**.*

Je **hais** qu'on ne me dise pas la vérité. *Ich **hasse es**, dass man mir nicht die Wahrheit **sagt**.*

Elle le **hait** d'avoir quitté ses enfants. *Sie **hasst** ihn **dafür**, dass er seine Kinder verlassen hat.*

Il **se hait de** n'avoir rien dit de cette affaire. *Er **hasst sich dafür**, dass er nichts über diese Angelegenheit gesagt hatte.*

Redewendungen

haïr qn. comme la peste *jdn. wie die Pest hassen*

haïr qn. à la mort *jdn. zutiefst hassen*

haïr plus que tout *über alle Maßen hassen*

Andere Verben

aimer *lieben/gern haben*

adorer *lieben*

s'entendre *sich verstehen/sich vertragen*

Aufgepasst!

Als Verb der 2. Gruppe wird haïr *hassen* zwar wie finir *beenden* konjugiert, verliert aber sein Trema in den drei Singularformen im Indicatif présent sowie in der Singularform im Impératif:

Elle **hait** cet homme ! *Sie **hasst** diesen Mann!*

Achten Sie bitte auch darauf, dass der Accent circonflexe in der 1. und 2. Person Plural im literarischen Passé simple sowie in der 3. Person Singular im Subjonctif imparfait entfällt. Die Formenbildung der beiden Verben muss also klar unterschieden werden: vous finîtes, aber vous haïtes; qu'elle finît, aber qu'elle haït.

Tipps & Tricks

Lernen Sie auch gleich noch die Wörter la haine *der Hass* und haineux/haineuse *boshaft* mit, die zur gleichen Wortfamilie gehören.

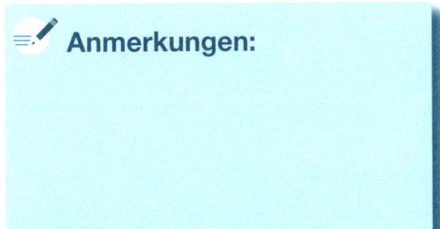

Anmerkungen:

41 jeter *werfen*

-t → -tt vor stummem -e

Indicatif

Présent

je	jette
tu	jettes
il	jette
nous	jetons
vous	jetez
ils	jettent

Passé composé

j'	ai	jeté
tu	as	jeté
il	a	jeté
nous	avons	jeté
vous	avez	jeté
ils	ont	jeté

Imparfait

je	jetais
tu	jetais
il	jetait
nous	jetions
vous	jetiez
ils	jetaient

Plus-que-parfait

j'	avais	jeté
tu	avais	jeté
il	avait	jeté
nous	avions	jeté
vous	aviez	jeté
ils	avaient	jeté

Passé simple

je	jetai
tu	jetas
il	jeta
nous	jetâmes
vous	jetâtes
ils	jetèrent

Passé antérieur

j'	eus	jeté
tu	eus	jeté
il	eut	jeté
nous	eûmes	jeté
vous	eûtes	jeté
ils	eurent	jeté

Futur simple

je	jetterai
tu	jetteras
il	jettera
nous	jetterons
vous	jetterez
ils	jetteront

Futur antérieur

j'	aurai	jeté
tu	auras	jeté
il	aura	jeté
nous	aurons	jeté
vous	aurez	jeté
ils	auront	jeté

Conditionnel

Présent

je	jetterais
tu	jetterais
il	jetterait
nous	jetterions
vous	jetteriez
ils	jetteraient

Passé

j'	aurais	jeté
tu	aurais	jeté
il	aurait	jeté
nous	aurions	jeté
vous	auriez	jeté
ils	auraient	jeté

Subjonctif

Présent

que je	jette
que tu	jettes
qu' il	jette
que nous	jetions
que vous	jetiez
qu' ils	jettent

Imparfait

que je	jetasse
que tu	jetasses
qu' il	jetât
que nous	jetassions
que vous	jetassiez
qu' ils	jetassent

Passé

que j'	aie	jeté
que tu	aies	jeté
qu' il	ait	jeté
que nous	ayons	jeté
que vous	ayez	jeté
qu' ils	aient	jeté

Plus-que-parfait

que j'	eusse	jeté
que tu	eusses	jeté
qu' il	eût	jeté
que nous	eussions	jeté
que vous	eussiez	jeté
qu' ils	eussent	jeté

Participe

Présent

jetant

Passé

jeté(e)

Gérondif

en jetant

Impératif

jette
jetons
jetez

Infinitif passé

avoir jeté

Anwendungsbeispiele

Les enfants **jetaient** des cailloux **dans** l'eau. *Die Kinder **warfen** Steine **ins** Wasser.*

Je l'**ai jeté à** la poubelle. *Ich **habe** es **in** den Mülleimer **geworfen**.*

Sa lettre le **jeta dans** le désespoir. *Ihr Brief **versetzte** ihn **in** Verzweiflung.*

Le petit garçon **se jeta sur** lui. *Der kleine Junge **stürzte sich auf** ihn.*

Veux-tu **jeter** un œil **sur** le bébé ? *Kannst du bitte **nach** dem Baby **schauen**?*

La Seine **se jette dans** la Manche. *Die Seine **mündet in** den Ärmelkanal.*

Cette bouteille, elle **se jette** ? *Ist das eine Einwegflasche?*

Redewendungen

jeter l'argent par les fenêtres *das Geld zum Fenster hinauswerfen*

jeter un coup d'œil à qn. *jdm. einen Blick zuwerfen*

jeter l'ancre *den Anker auswerfen*

jeter qc. à la tête de qn. *jdm. etw. an den Kopf werfen*

jeter les dés *würfeln*

jeter de l'huile sur le feu *Öl ins Feuer gießen*

jeter des étincelles *Funken sprühen*

Ähnliche Verben

lancer *werfen*

se débarrasser *wegwerfen*

mettre à la poubelle *wegwerfen*

envoyer *schicken/werfen*

rejeter *zurückweisen*

projeter *vorhaben*

Aufgepasst!

Achten Sie bitte auf die Konsonantenverdoppelung -tt vor stummem -e:

Si tu n'en as plus besoin, je le jetterai. *Wenn du es nicht brauchst, **werde** ich es **wegwerfen**.*

Tu me jettes mes clés, s'il te plaît ? *Kannst du mir bitte meine Schlüssel **herüberwerfen**?*

Tipps & Tricks

Die Verben rejeter *zurückweisen*, projeter *vorhaben*, cacheter *versiegeln*, collecter *sammeln*, feuilleter *durchblättern* und épousseter *abstauben* haben das gleiche Konjugationsmuster (▶ Alphabetische Verbliste).

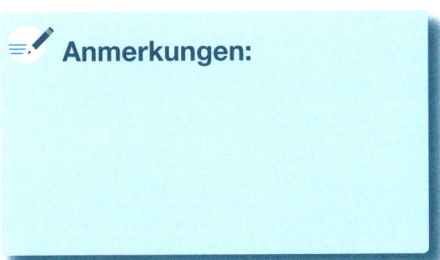

Anmerkungen:

42 joindre *verbinden*

Indicatif

Présent

je	joins
tu	joins
il	joint
nous	joignons
vous	joignez
ils	joignent

Passé composé

j'	ai	joint
tu	as	joint
il	a	joint
nous	avons	joint
vous	avez	joint
ils	ont	joint

Imparfait

je	joignais
tu	joignais
il	joignait
nous	joignions
vous	joigniez
ils	joignaient

Plus-que-parfait

j'	avais	joint
tu	avais	joint
il	avait	joint
nous	avions	joint
vous	aviez	joint
ils	avaient	joint

Passé simple

je	joignis
tu	joignis
il	joignit
nous	joignîmes
vous	joignîtes
ils	joignirent

Passé antérieur

j'	eus	joint
tu	eus	joint
il	eut	joint
nous	eûmes	joint
vous	eûtes	joint
ils	eurent	joint

Futur simple

je	joindrai
tu	joindras
il	joindra
nous	joindrons
vous	joindrez
ils	joindront

Futur antérieur

j'	aurai	joint
tu	auras	joint
il	aura	joint
nous	aurons	joint
vous	aurez	joint
ils	auront	joint

Conditionnel

Présent

je	joindrais
tu	joindrais
il	joindrait
nous	joindrions
vous	joindriez
ils	joindraient

Passé

j'	aurais	joint
tu	aurais	joint
il	aurait	joint
nous	aurions	joint
vous	auriez	joint
ils	auraient	joint

Subjonctif

Présent

que je	joigne
que tu	joignes
qu' il	joigne
que nous	joignions
que vous	joigniez
qu' ils	joignent

Imparfait

que je	joignisse
que tu	joignisses
qu' il	joignît
que nous	joignissions
que vous	joignissiez
qu' ils	joignissent

Passé

que j'	aie	joint
que tu	aies	joint
qu' il	ait	joint
que nous	ayons	joint
que vous	ayez	joint
qu' ils	aient	joint

Plus-que-parfait

que j'	eusse	joint
que tu	eusses	joint
qu' il	eût	joint
que nous	eussions	joint
que vous	eussiez	joint
qu' ils	eussent	joint

Participe

Présent

joignant

Passé

joint(e)

Gérondif

en joignant

Impératif

joins
joignons
joignez

Infinitif passé

avoir joint

Anwendungsbeispiele

Il **joint** deux planches **l'une à l'autre.** *Er **verbindet** zwei Bretter **miteinander**.*
Un pont **joint** l'île **au** continent. *Eine Brücke **verbindet** die Insel **mit** dem Festland.*
Il **a joint** cette pièce **au** dossier. *Er **hat** dieses Dokument der Akte **beigefügt**.*
Où puis-je te **joindre** ? *Wo kann ich dich **erreichen**?*
Veuillez trouver **ci-joint** mon passeport. ***Anbei** erhalten Sie meinen Reisepass.*
Cette fenêtre **joint mal**. *Dieses Fenster **ist** nicht **fugendicht**.*
Elle **joignit** le geste **à** la parole. *Sie **ließ** ihren Worten Taten **folgen**.*
Je peux **me joindre à** toi pour le déjeuner ? *Kann ich dir zum Mittagessen **Gesellschaft leisten**?*

Redewendungen

joindre les mains *die Hände falten*
joindre les deux bouts *am Monatsende genug Geld übrig haben*
joindre l'utile à l'agréable *das Angenehme mit dem Nützlichen verbinden*
joindre ses efforts *sich gemeinsam bemühen*
joindre mal/bien *(un)genau anliegen*
se joindre à qn. *sich jdm. anschließen*

Ähnliche Verben

assembler *zusammenfügen*
relier *verbinden*
réunir *verbinden*
connecter *verbinden*
contacter *sich in Verbindung setzen*
rejoindre *einholen*
adjoindre *hinzufügen*

Aufgepasst!

Achten Sie bitte auf die Stammänderung joign- in manchen Formen:
Il voudrait que tu te **joign**es à nous. *Er möchte, dass du dich uns **anschließt**.*

Tipps & Tricks

Alle Verben auf -oindre folgen diesem Konjugationsmuster (▶ Alphabetische Verbliste).

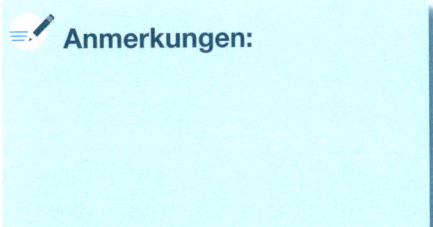

Anmerkungen:

43 lire *lesen*

Indicatif

Présent

je	lis
tu	lis
il	lit
nous	lisons
vous	lisez
ils	lisent

Passé composé

j'	ai	lu
tu	as	lu
il	a	lu
nous	avons	lu
vous	avez	lu
ils	ont	lu

Imparfait

je	lisais
tu	lisais
il	lisait
nous	lisions
vous	lisiez
ils	lisaient

Plus-que-parfait

j'	avais	lu
tu	avais	lu
il	avait	lu
nous	avions	lu
vous	aviez	lu
ils	avaient	lu

Passé simple

je	lus
tu	lus
il	lut
nous	lûmes
vous	lûtes
ils	lurent

Passé antérieur

j'	eus	lu
tu	eus	lu
il	eut	lu
nous	eûmes	lu
vous	eûtes	lu
ils	eurent	lu

Futur simple

je	lirai
tu	liras
il	lira
nous	lirons
vous	lirez
ils	liront

Futur antérieur

j'	aurai	lu
tu	auras	lu
il	aura	lu
nous	aurons	lu
vous	aurez	lu
ils	auront	lu

Conditionnel

Présent

je	lirais
tu	lirais
il	lirait
nous	lirions
vous	liriez
ils	liraient

Passé

j'	aurais	lu
tu	aurais	lu
il	aurait	lu
nous	aurions	lu
vous	auriez	lu
ils	auraient	lu

Subjonctif

Présent

que je	lise
que tu	lises
qu' il	lise
que nous	lisions
que vous	lisiez
qu' ils	lisent

Imparfait

que je	lusse
que tu	lusses
qu' il	lût
que nous	lussions
que vous	lussiez
qu' ils	lussent

Passé

que j'	aie	lu
que tu	aies	lu
qu' il	ait	lu
que nous	ayons	lu
que vous	ayez	lu
qu' ils	aient	lu

Plus-que-parfait

que j'	eusse	lu
que tu	eusses	lu
qu' il	eût	lu
que nous	eussions	lu
que vous	eussiez	lu
qu' ils	eussent	lu

Participe

Présent

lisant

Passé

lu(e)

Gérondif

en lisant

Impératif

lis

lisons

lisez

Infinitif passé

avoir lu

Anwendungsbeispiele

J'aime beaucoup **lire**. *Ich **lese** sehr gerne.*

Il **a lu dans** le journal qu'il ferait beau demain. *Er **hat in** der Zeitung **gelesen**, dass es morgen schönes Wetter geben wird.*

Mon fils apprend à **lire**. *Mein Sohn lernt **lesen**.*

Ce livre est **à lire** absolument ! *Man sollte dieses Buch unbedingt **gelesen haben**!*

Je n'arrive pas à **lire** ton écriture. *Ich kann deine Schrift nicht **entziffern**.*

La douleur **se lisait sur** son visage. *Man **konnte** ihm den Schmerz **vom** Gesicht **ablesen**.*

Ce roman **se lit** très bien. *Dieser Roman **liest sich** sehr gut.*

Je lui **ai fait lire** ce livre de Flaubert. *Ich **habe** ihn dieses Buch von Flaubert **lesen lassen**.*

Redewendungen

savoir lire et écrire *lesen und schreiben können*

lire le braille *die Blindenschrift lesen*

lire qc. dans les yeux de qn. *etw. in jds. Augen lesen*

lire dans les pensées de qn. *jds. Gedanken lesen*

lire une histoire à qn. *jdm. eine Geschichte vorlesen*

Ähnliche Verben

déchiffrer *entziffern*

feuilleter *durchblättern*

compulser *nachschlagen*

relire *wieder/noch mal lesen*

Aufgepasst!

Anders als écrire *schreiben* bildet lire das Participe passé, das Passé simple und den Subjonctif imparfait mit -u:

Tu **as lu** cet article ? ***Hast** du diesen Artikel **gelesen**?*

Ils **lurent** tout l'après-midi. *Sie **lasen** den ganzen Nachmittag.*

Tipps & Tricks

Die Verben élire *wählen*, réélire *wiederwählen* und relire *wieder/noch mal lesen* werden auch nach diesem Konjugationsmuster konjugiert (▶ Alphabetische Verbliste).

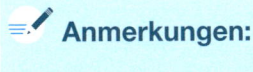

Anmerkungen:

44 manger *essen*

-g → -ge vor -a und -o

Indicatif

Présent

je	mange
tu	manges
il	mange
nous	mangeons
vous	mangez
ils	mangent

Passé composé

j'	ai	mangé
tu	as	mangé
il	a	mangé
nous	avons	mangé
vous	avez	mangé
ils	ont	mangé

Imparfait

je	mangeais
tu	mangeais
il	mangeait
nous	mangions
vous	mangiez
ils	mangeaient

Plus-que-parfait

j'	avais	mangé
tu	avais	mangé
il	avait	mangé
nous	avions	mangé
vous	aviez	mangé
ils	avaient	mangé

Passé simple

je	mangeai
tu	mangeas
il	mangea
nous	mangeâmes
vous	mangeâtes
ils	mangèrent

Passé antérieur

j'	eus	mangé
tu	eus	mangé
il	eut	mangé
nous	eûmes	mangé
vous	eûtes	mangé
ils	eurent	mangé

Futur simple

je	mangerai
tu	mangeras
il	mangera
nous	mangerons
vous	mangerez
ils	mangeront

Futur antérieur

j'	aurai	mangé
tu	auras	mangé
il	aura	mangé
nous	aurons	mangé
vous	aurez	mangé
ils	auront	mangé

Conditionnel

Présent

je	mangerais
tu	mangerais
il	mangerait
nous	mangerions
vous	mangeriez
ils	mangeraient

Passé

j'	aurais	mangé
tu	aurais	mangé
il	aurait	mangé
nous	aurions	mangé
vous	auriez	mangé
ils	auraient	mangé

Subjonctif

Présent

que je	mange
que tu	manges
qu' il	mange
que nous	mangions
que vous	mangiez
qu' ils	mangent

Imparfait

que je	mangeasse
que tu	mangeasses
qu' il	mangeât
que nous	mangeassions
que vous	mangeassiez
qu' ils	mangeassent

Passé

que j'	aie	mangé
que tu	aies	mangé
qu' il	ait	mangé
que nous	ayons	mangé
que vous	ayez	mangé
qu' ils	aient	mangé

Plus-que-parfait

que j'	eusse	mangé
que tu	eusses	mangé
qu' il	eût	mangé
que nous	eussions	mangé
que vous	eussiez	mangé
qu' ils	eussent	mangé

Participe

Présent

mangeant

Passé

mangé(e)

Gérondif

en mangeant

Impératif

mange
mangeons
mangez

Infinitif passé

avoir mangé

Anwendungsbeispiele

Elle **mange** un fruit. *Sie **isst** ein Stück Obst.*
Mon fils **mange comme** quatre. *Mein Sohn **isst für** vier.*
Il la **mangeait** des yeux. *Er **verschlang** sie mit den Augen.*
C'est l'heure de **manger** ! *Es ist **Essens**zeit!*
Sa barbe lui **mangeait** le visage. *Der Bart **verdeckte** sein Gesicht.*
Il **mange** ses mots. *Er **verschluckt** die Silben.*
N'aie pas peur ! Je ne **vais** pas te **manger** ! *Hab keine Angst! Ich **werde** dich schon nicht **fressen**!*
Ce plat **se mange** très chaud avec du riz. *Dieses Gericht **wird** heiß und mit Reis **gegessen**.*
Elle **donne à manger au** chat. *Sie **gibt** der Katze etwas **zu essen**.*
Je **fais manger** les enfants. *Ich **sorge dafür, dass** die Kinder **essen**.*

Sprichwörter

La vengeance est un plat qui **se mange** froid. *Rache ist süß.*
L'appétit vient **en mangeant**. *Der Appetit kommt beim Essen.*

Ähnliche Verben

(se) nourrir *(sich) ernähren/essen*
s'alimenter *(sich) ernähren/essen*
prendre un repas *eine Mahlzeit einnehmen*
déjeuner/dîner *zu Mittag/Abend essen*
se restaurer *essen/sich stärken*

Aufgepasst!

Um die gleiche Aussprache beizubehalten, wird das -g vor den Vokalen -a und -o zu -ge.
C'est en man**ge**ant des olives qu'elle s'est cassé une dent. *Sie hat sich einen Zahn abgebrochen, **als** sie Oliven **aß**.*
Nous man**ge**ons peu de pain. *Wir **essen** wenig Brot.*

Tipps & Tricks

Das Verb manger wird sowohl im Zusammenhang mit Menschen als auch mit Tieren verwendet:
Le chien **mange** sa pâtée. *Der Hund **frisst** sein Futter.*

Anmerkungen:

45 mettre *legen/setzen/stellen*

Indicatif

Présent

je	mets
tu	mets
il	met
nous	mettons
vous	mettez
ils	mettent

Passé composé

j'	ai	mis
tu	as	mis
il	a	mis
nous	avons	mis
vous	avez	mis
ils	ont	mis

Imparfait

je	mettais
tu	mettais
il	mettait
nous	mettions
vous	mettiez
ils	mettaient

Plus-que-parfait

j'	avais	mis
tu	avais	mis
il	avait	mis
nous	avions	mis
vous	aviez	mis
ils	avaient	mis

Passé simple

je	mis
tu	mis
il	mit
nous	mîmes
vous	mîtes
ils	mirent

Passé antérieur

j'	eus	mis
tu	eus	mis
il	eut	mis
nous	eûmes	mis
vous	eûtes	mis
ils	eurent	mis

Futur simple

je	mettrai
tu	mettras
il	mettra
nous	mettrons
vous	mettrez
ils	mettront

Futur antérieur

j'	aurai	mis
tu	auras	mis
il	aura	mis
nous	aurons	mis
vous	aurez	mis
ils	auront	mis

Conditionnel

Présent

je	mettrais
tu	mettrais
il	mettrait
nous	mettrions
vous	mettriez
ils	mettraient

Passé

j'	aurais	mis
tu	aurais	mis
il	aurait	mis
nous	aurions	mis
vous	auriez	mis
ils	auraient	mis

Subjonctif

Présent

que je	mette
que tu	mettes
qu' il	mette
que nous	mettions
que vous	mettiez
qu' ils	mettent

Imparfait

que je	misse
que tu	misses
qu' il	mît
que nous	missions
que vous	missiez
qu' ils	missent

Passé

que j'	aie	mis
que tu	aies	mis
qu' il	ait	mis
que nous	ayons	mis
que vous	ayez	mis
qu' ils	aient	mis

Plus-que-parfait

que j'	eusse	mis
que tu	eusses	mis
qu' il	eût	mis
que nous	eussions	mis
que vous	eussiez	mis
qu' ils	eussent	mis

Participe

Présent

mettant

Passé

mis(e)

Gérondif

en mettant

Impératif

mets
mettons
mettez

Infinitif passé

avoir mis

Anwendungsbeispiele

J'**ai mis** tes lunettes **sur** la table. *Ich **habe** deine Brille **auf** den Tisch **gelegt**.*
Elle **a mis** du lait **dans** son café. *Sie **hat** Milch **in** ihren Kaffee **getan**.*
Ils **ont mis** ma voiture **à** la fourrière. *Sie **haben** mein Auto **abgeschleppt**.*
Tu **mets** toujours la télévision trop fort ! *Du **drehst** den Fernseher immer zu laut **auf**!*
Il **faut mettre** ton nom **sur** la liste. *Du **musst** deinen Namen **in** die Liste **eintragen**.*
Je n'ai rien **à me mettre**. *Ich habe nichts **zum Anziehen**.*
Il **s'est mis** du chocolat partout sur la figure. *Er **hat sich** das Gesicht mit Schokolade **beschmiert**.*
Tu **te mets au** travail ? ***Fängst** du **an zu** arbeiten?*
La neige **s'était mise à** tomber. *Es **hatte angefangen zu** schneien.*

Redewendungen

mettre le couvert *aufdecken*
mettre ses vêtements *sich anziehen*
mettre qn. à l'aise *dafür sorgen, dass jd. sich wohlfühlt*
mettre qc. à cuire *etw. zum Kochen bringen*
mettre qn. au régime *jdn. auf Diät setzen*
se mettre en colère *einen Wutanfall bekommen*

Ähnliche Verben

placer *stellen/setzen*
poser *legen/stellen*
ranger *aufräumen*
garder *aufbewahren*
remettre *wieder (hin)legen/zurücklegen*
admettre *einsehen*
compromettre *gefährden/schaden*
promettre *versprechen*

Aufgepasst!

Achten Sie bitte auf das -tt vor einem -r oder vor einem Vokal:
nous me**tt**rons *wir **werden legen***
vous me**tt**ez *ihr **legt***

Tipps & Tricks

Dieses Konjugationsmuster gilt für alle abgeleiteten Verben von mettre: admettre *einsehen*, compromettre *gefährden/schaden*, promettre *versprechen* und remettre *zurücklegen* (▶ Alphabetische Verbliste).

Anmerkungen:

46 mourir *sterben*

Indicatif

Présent		Passé composé		
je	meurs	je	suis	mort
tu	meurs	tu	es	mort
il	meurt	il	est	mort
nous	mourons	nous	sommes	morts
vous	mourez	vous	êtes	morts
ils	meurent	ils	sont	morts

Imparfait		Plus-que-parfait		
je	mourais	j'	étais	mort
tu	mourais	tu	étais	mort
il	mourait	il	était	mort
nous	mourions	nous	étions	morts
vous	mouriez	vous	étiez	morts
ils	mouraient	ils	étaient	morts

Passé simple		Passé antérieur		
je	mourus	je	fus	mort
tu	mourus	tu	fus	mort
il	mourut	il	fut	mort
nous	mourûmes	nous	fûmes	morts
vous	mourûtes	vous	fûtes	morts
ils	moururent	ils	furent	morts

Futur simple		Futur antérieur		
je	mourrai	je	serai	mort
tu	mourras	tu	seras	mort
il	mourra	il	sera	mort
nous	mourrons	nous	serons	morts
vous	mourrez	vous	serez	morts
ils	mourront	ils	seront	morts

Conditionnel

Présent		Passé		
je	mourrais	je	serais	mort
tu	mourrais	tu	serais	mort
il	mourrait	il	serait	mort
nous	mourrions	nous	serions	morts
vous	mourriez	vous	seriez	morts
ils	mourraient	ils	seraient	morts

Subjonctif

Présent	
que je	meure
que tu	meures
qu' il	meure
que nous	mourions
que vous	mouriez
qu' ils	meurent

Imparfait	
que je	mourusse
que tu	mourusses
qu' il	mourût
que nous	mourussions
que vous	mourussiez
qu' ils	mourussent

Passé		
que je	sois	mort
que tu	sois	mort
qu' il	soit	mort
que nous	soyons	morts
que vous	soyez	morts
qu' ils	soient	morts

Plus-que-parfait		
que je	fusse	mort
que tu	fusses	mort
qu' il	fût	mort
que nous	fussions	morts
que vous	fussiez	morts
qu' ils	fussent	morts

Participe

Présent
mourant

Passé
mort(e)

Gérondif

en mourant

Impératif

meurs
mourons
mourez

Infinitif passé

être mort

Anwendungsbeispiele

Victor Hugo **est mort** en 1885. *Victor Hugo **ist** 1885 **gestorben**.*
Il est **mort**. *Er ist **tot**.*
Elle **est morte dans** un accident de voiture. *Sie **ist bei** einem Autounfall **ums Leben gekommen**.*
Son chien **est mort**, écrasé par une voiture. *Sein Hund **wurde** von einem Auto **überfahren**.*
Son grand-père **est mort d'**une grave maladie. *Ihr Großvater **ist an** einer schweren Krankheit **gestorben**.*
Cette plante **est** en train de **mourir**. *Diese Pflanze **stirbt ab/geht gerade ein**.*
Vous n'**en mourrez** pas ! *Es wird Sie schon nicht **umbringen**!*

Redewendungen

mourir de faim/de soif/de froid *verhungern/verdursten/erfrieren*
mourir assassiné *ermordet werden*
mourir de rire *sich totlachen*
être à mourir d'ennui *todlangweilig sein*

Ähnliche Verben

décéder *sterben*
succomber *sterben*
périr *ums Leben kommen*
disparaître *sterben/verschwinden*

Aufgepasst!

Das Verb mourir bildet das Futur simple und das Conditionnel présent mit -rr, z. B. ils mou**rr**aient *sie **würden sterben***.
Achten Sie auch auf die Stammänderung meur- in manchen Formen:
Elle ne voulait pas qu'il **meure**. *Sie wollte nicht, dass er **stirbt**.*
Das Participe passé mort wird mit dem Hilfsverb être gebildet:
Ils **sont morts**. *Sie **sind tot**.*

Anmerkungen:

47 naître *geboren werden*

-î → -i vor -s

Indicatif

Présent

je	nais
tu	nais
il	naît
nous	naissons
vous	naissez
ils	naissent

Passé composé

je	suis	né
tu	es	né
il	est	né
nous	sommes	nés
vous	êtes	nés
ils	sont	nés

Imparfait

je	naissais
tu	naissais
il	naissait
nous	naissions
vous	naissiez
ils	naissaient

Plus-que-parfait

j'	étais	né
tu	étais	né
il	était	né
nous	étions	nés
vous	étiez	nés
ils	étaient	nés

Passé simple

je	naquis
tu	naquis
il	naquit
nous	naquîmes
vous	naquîtes
ils	naquirent

Passé antérieur

je	fus	né
tu	fus	né
il	fut	né
nous	fûmes	nés
vous	fûtes	nés
ils	furent	nés

Futur simple

je	naîtrai
tu	naîtras
il	naîtra
nous	naîtrons
vous	naîtrez
ils	naîtront

Futur antérieur

je	serai	né
tu	seras	né
il	sera	né
nous	serons	nés
vous	serez	nés
ils	seront	nés

Conditionnel

Présent

je	naîtrais
tu	naîtrais
il	naîtrait
nous	naîtrions
vous	naîtriez
ils	naîtraient

Passé

je	serais	né
tu	serais	né
il	serait	né
nous	serions	nés
vous	seriez	nés
ils	seraient	nés

Subjonctif

Présent

que je	naisse
que tu	naisses
qu' il	naisse
que nous	naissions
que vous	naissiez
qu' ils	naissent

Imparfait

que je	naquisse
que tu	naquisses
qu' il	naquît
que nous	naquissions
que vous	naquissiez
qu' ils	naquissent

Passé

que je	sois	né
que tu	sois	né
qu' il	soit	né
que nous	soyons	nés
que vous	soyez	nés
qu' ils	soient	nés

Plus-que-parfait

que je	fusse	né
que tu	fusses	né
qu' il	fût	né
que nous	fussions	nés
que vous	fussiez	nés
qu' ils	fussent	nés

Participe

Présent

naissant

Passé

né(e)

Gérondif

en naissant

Impératif

nais
naissons
naissez

Infinitif passé

être né

Anwendungsbeispiele

Sa petite fille **vient de naître.** *Ihre kleine Tochter **wurde gerade geboren.***
Il **est né** le 4 octobre 1996. *Er **wurde am** 4. Oktober 1996 **geboren.***
Un fils leur **est né.** *Ein Sohn **wurde** ihnen **geboren.***
Elle **est née** aveugle. *Sie **wurde** blind **geboren.***
Paris **est né dans** l'île de la Cité. *Paris **ist auf** der Ile de la Cité **entstanden.***
Leurs problèmes **sont nés de** malentendus. *Ihre Probleme **sind aus** Missverständnissen **heraus entstanden.***
Je ne **suis** pas **né d'**hier ! *Ich **bin** nicht **von** gestern!*
Sa réponse **fit naître** ma colère. *Seine Antwort **machte** mich wütend.*
Il **est né pour** travailler. *Er **ist zum** Arbeiten **geboren.***
Il **sont nés** l'un pour l'autre. *Sie **sind** für einander **geschaffen.***

Witz

Une mère dit à son garçon : « N'oublie pas que nous **sommes nés** sur terre pour travailler ! »
« Bon, alors moi, plus tard je serai marin ! » répond celui-ci.

Andere Verben

mourir *sterben*
finir *enden*
décéder *sterben*
périr *ums Leben kommen*
disparaître *sterben/verschwinden*

Gebrauch

Während im Deutschen *geboren werden* eine Passivform darstellt, wird das französische Verb naître als Aktivform gebildet:
Un enfant **naît.** *Ein Kind **wird geboren.***
Naître bildet die zusammengesetzten Zeiten mit dem Hilfsverb être:
Elle **est née** en Guadeloupe. *Sie **wurde** auf Guadeloupe **geboren.***

Tipps & Tricks

Lernen Sie aus der gleichen Wortfamilie auch gleich la naissance *die Geburt*, l'acte de naissance (m.) *die Geburtsurkunde*, la date de naissance *das Geburtsdatum* und le lieu de naissance *der Geburtsort*.

Anmerkungen:

48 ouvrir *öffnen*

Indicatif

Présent

j'	ouvre
tu	ouvres
il	ouvre
nous	ouvrons
vous	ouvrez
ils	ouvrent

Passé composé

j'	ai	ouvert
tu	as	ouvert
il	a	ouvert
nous	avons	ouvert
vous	avez	ouvert
ils	ont	ouvert

Imparfait

j'	ouvrais
tu	ouvrais
il	ouvrait
nous	ouvrions
vous	ouvriez
ils	ouvraient

Plus-que-parfait

j'	avais	ouvert
tu	avais	ouvert
il	avait	ouvert
nous	avions	ouvert
vous	aviez	ouvert
ils	avaient	ouvert

Passé simple

j'	ouvris
tu	ouvris
il	ouvrit
nous	ouvrîmes
vous	ouvrîtes
ils	ouvrirent

Passé antérieur

j'	eus	ouvert
tu	eus	ouvert
il	eut	ouvert
nous	eûmes	ouvert
vous	eûtes	ouvert
ils	eurent	ouvert

Futur simple

j'	ouvrirai
tu	ouvriras
il	ouvrira
nous	ouvrirons
vous	ouvrirez
ils	ouvriront

Futur antérieur

j'	aurai	ouvert
tu	auras	ouvert
il	aura	ouvert
nous	aurons	ouvert
vous	aurez	ouvert
ils	auront	ouvert

Conditionnel

Présent

j'	ouvrirais
tu	ouvrirais
il	ouvrirait
nous	ouvririons
vous	ouvririez
ils	ouvriraient

Passé

j'	aurais	ouvert
tu	aurais	ouvert
il	aurait	ouvert
nous	aurions	ouvert
vous	auriez	ouvert
ils	auraient	ouvert

Subjonctif

Présent

que j'	ouvre
que tu	ouvres
qu' il	ouvre
que nous	ouvrions
que vous	ouvriez
qu' ils	ouvrent

Imparfait

que j'	ouvrisse
que tu	ouvrisses
qu' il	ouvrît
que nous	ouvrissions
que vous	ouvrissiez
qu' ils	ouvrissent

Passé

que j'	aie	ouvert
que tu	aies	ouvert
qu' il	ait	ouvert
que nous	ayons	ouvert
que vous	ayez	ouvert
qu' ils	aient	ouvert

Plus-que-parfait

que j'	eusse	ouvert
que tu	eusses	ouvert
qu' il	eût	ouvert
que nous	eussions	ouvert
que vous	eussiez	ouvert
qu' ils	eussent	ouvert

Participe

Présent

ouvrant

Passé

ouvert(e)

Gérondif

en ouvrant

Impératif

ouvre
ouvrons
ouvrez

Infinitif passé

avoir ouvert

Anwendungsbeispiele

Tu **ouvres** la porte **aux** enfants ? ***Machst*** *du den Kindern die Tür* ***auf****?*

Quentin **s'est ouvert** le genou. *Quentin* ***hat sich*** *das Knie* ***aufgeschlagen****.*

Les magasins **sont ouverts** le dimanche matin. *Die Geschäfte* ***sind*** *sonntags* ***geöffnet****.*

La porte **s'ouvre** mal. *Die Tür* ***geht*** *schwer* ***auf****.*

Les fenêtres du salon **s'ouvrent sur** la campagne. *Von den Fenstern im Wohnzimmer* ***hat man einen Blick auf*** *die Landschaft.*

Pense à l'horizon qui **s'ouvre devant** toi ! *Denk an die Zukunft, die* ***vor*** *dir* ***liegt****!*

Redewendungen

ouvrir un livre *ein Buch aufschlagen*
ouvrir la bouche *den Mund öffnen*
ouvrir un magasin *ein Geschäft eröffnen*
ouvrir son cœur à qn. *jdm. sein Herz ausschütten*
ouvrir le jeu *das Spiel eröffnen*

Andere Verben

fermer *zumachen*
boucher *zumachen/zustopfen*
barrer *(ver)sperren*
finir *(be)enden*
terminer *beenden*

Aufgepasst!

Im Indicatif présent, im Subjonctif présent und im Impératif sind die Endungen von ouvrir identisch mit den Endungen der Verben der 1. Gruppe:

Ouvre les yeux ! ***Mach*** *die Augen* ***auf****!*

Im Futur simple, im Conditionnel présent und im Subjonctif imparfait gelten die Endungen der Verben der 2. Gruppe:

L'exposition **ouvrira** samedi. *Die Ausstellung* ***wird*** *am Samstag* ***eröffnet****.*

Tipps & Tricks

Wie ouvrir werden auch die Verben couvrir *decken*, offrir *schenken*, recouvrir *bedecken*, souffrir *leiden*, entrouvrir *einen Spalt aufmachen* und rouvrir *wieder aufmachen* konjugiert (▶ Alphabetische Verbliste).

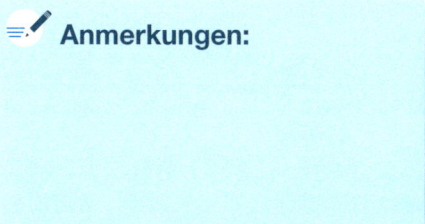

Anmerkungen:

49 paraître *scheinen*

-î → -i vor -s

Indicatif

Présent		Passé composé		
je	parais	j'	ai	paru
tu	parais	tu	as	paru
il	paraît	il	a	paru
nous	paraissons	nous	avons	paru
vous	paraissez	vous	avez	paru
ils	paraissent	ils	ont	paru

Imparfait		Plus-que-parfait		
je	paraissais	j'	avais	paru
tu	paraissais	tu	avais	paru
il	paraissait	il	avait	paru
nous	paraissions	nous	avions	paru
vous	paraissiez	vous	aviez	paru
ils	paraissaient	ils	avaient	paru

Passé simple		Passé antérieur		
je	parus	j'	eus	paru
tu	parus	tu	eus	paru
il	parut	il	eut	paru
nous	parûmes	nous	eûmes	paru
vous	parûtes	vous	eûtes	paru
ils	parurent	ils	eurent	paru

Futur simple		Futur antérieur		
je	paraîtrai	j'	aurai	paru
tu	paraîtras	tu	auras	paru
il	paraîtra	il	aura	paru
nous	paraîtrons	nous	aurons	paru
vous	paraîtrez	vous	aurez	paru
ils	paraîtront	ils	auront	paru

Conditionnel

Présent		Passé		
je	paraîtrais	j'	aurais	paru
tu	paraîtrais	tu	aurais	paru
il	paraîtrait	il	aurait	paru
nous	paraîtrions	nous	aurions	paru
vous	paraîtriez	vous	auriez	paru
ils	paraîtraient	ils	auraient	paru

Subjonctif

Présent	
que je	paraisse
que tu	paraisses
qu' il	paraisse
que nous	paraissions
que vous	paraissiez
qu' ils	paraissent

Imparfait	
que je	parusse
que tu	parusses
qu' il	parût
que nous	parussions
que vous	parussiez
qu' ils	parussent

Passé		
que j'	aie	paru
que tu	aies	paru
qu' il	ait	paru
que nous	ayons	paru
que vous	ayez	paru
qu' ils	aient	paru

Plus-que-parfait		
que j'	eusse	paru
que tu	eusses	paru
qu' il	eût	paru
que nous	eussions	paru
que vous	eussiez	paru
qu' ils	eussent	paru

Participe

Présent
paraissant

Passé
paru(e)

Gérondif

en paraissant

Impératif

parais
paraissons
paraissez

Infinitif passé

avoir paru

Anwendungsbeispiele

Elle **paraît** très sympathique. *Sie **scheint** sehr sympathisch zu sein.*
Vous **paraissez** plus jeune que votre âge. *Sie **sehen** jünger **aus** als Sie sind.*
Elle **paraît** ne pas s'inquiéter. *Sie **scheint** sich keine Sorgen zu machen.*
Ce chanteur **paraît en** public pour la première fois. *Dieser Sänger **tritt** zum ersten Mal **in** der Öffentlichkeit **auf**.*
Tu ne **laisses** jamais **paraître** tes émotions. *Du **zeigst** nie deine Emotionen.*
Il **paraît que** ce n'est pas possible. ***Angeblich** ist es nicht möglich.*

Witz

Dans un bal, un jeune homme dit à sa partenaire : « Mademoiselle, comme les danses me **paraissent** courtes avec vous ! »
« Ce n'est pas étonnant » répond la fille, « le chef d'orchestre est mon fiancé. »

Ähnliche Verben

sembler *scheinen*
reparaître *wieder erscheinen*
disparaître *verschwinden*
apparaître *erscheinen*
comparaître *erscheinen*

Gebrauch

Das Verb paraître wird auch als unpersönliches Verb verwendet.
il paraît que + Indicatif présent drückt eine Gewissheit aus:
Il **paraît** évident **que** nous **vivons** un changement climatique. *Es **scheint** offensichtlich, **dass** wir eine Klimaveränderung **erleben**.*
In der Verneinung oder z. B. mit einem Adjektiv des Zweifels oder der Unsicherheit wird il paraît que mit dem Subjonctif présent gebildet:
Il **ne paraît pas possible** qu'elle **soit** là à l'heure. *Es **scheint nicht möglich zu sein**, dass sie pünktlich **kommt**.*
Il **paraît improbable** que nous **gagnions** cette partie. *Es **scheint unwahrscheinlich zu sein**, dass wir diese Partie **gewinnen**.*

Tipps & Tricks

Wie paraître werden auch die Verben apparaître *erscheinen*, comparaître *erscheinen* connaître *kennen*, disparaître *verschwinden* und reparaître *wieder erscheinen* konjugiert (▶ Alphabetische Verbliste).

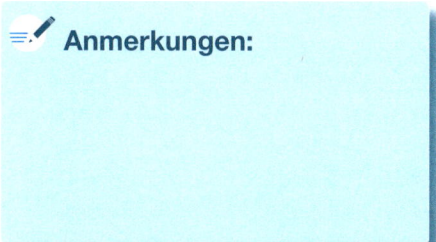

Anmerkungen:

50 partir *weggehen*

Indicatif

Présent

je	pars
tu	pars
il	part
nous	partons
vous	partez
ils	partent

Passé composé

je	suis	parti
tu	es	parti
il	est	parti
nous	sommes	partis
vous	êtes	partis
ils	sont	partis

Imparfait

je	partais
tu	partais
il	partait
nous	partions
vous	partiez
ils	partaient

Plus-que-parfait

j'	étais	parti
tu	étais	parti
il	était	parti
nous	étions	partis
vous	étiez	partis
ils	étaient	partis

Passé simple

je	partis
tu	partis
il	partit
nous	partîmes
vous	partîtes
ils	partirent

Passé antérieur

je	fus	parti
tu	fus	parti
il	fut	parti
nous	fûmes	partis
vous	fûtes	partis
ils	furent	partis

Futur simple

je	partirai
tu	partiras
il	partira
nous	partirons
vous	partirez
ils	partiront

Futur antérieur

je	serai	parti
tu	seras	parti
il	sera	parti
nous	serons	partis
vous	serez	partis
ils	seront	partis

Conditionnel

Présent

je	partirais
tu	partirais
il	partirait
nous	partirions
vous	partiriez
ils	partiraient

Passé

je	serais	parti
tu	serais	parti
il	serait	parti
nous	serions	partis
vous	seriez	partis
ils	seraient	partis

Subjonctif

Présent

que je	parte
que tu	partes
qu' il	parte
que nous	partions
que vous	partiez
qu' ils	partent

Imparfait

que je	partisse
que tu	partisses
qu' il	partît
que nous	partissions
que vous	partissiez
qu' ils	partissent

Passé

que je	sois	parti
que tu	sois	parti
qu' il	soit	parti
que nous	soyons	partis
que vous	soyez	partis
qu' ils	soient	partis

Plus-que-parfait

que je	fusse	parti
que tu	fusses	parti
qu' il	fût	parti
que nous	fussions	partis
que vous	fussiez	partis
qu' ils	fussent	partis

Participe

Présent

partant

Passé

parti(e)

Gérondif

en partant

Impératif

pars
partons
partez

Infinitif passé

être parti

Anwendungsbeispiele

Le train **part de** Nantes **dans** dix minutes. *Der Zug **fährt in** zehn Minuten **von** Nantes ab.*
Nous **partirons à** 11 heures. *Wir **werden um** elf Uhr abfahren.*
Je **pars à** Paris demain matin. *Ich **fahre** morgen **nach** Paris.*
Ils **sont partis en** Italie pour les vacances. *Sie **sind** über die Ferien **nach** Italien **verreist**.*
Victor **est parti à** la pêche. *Victor **ist** angeln **gegangen**.*
Il **est parti sur** cette idée. *Das **war** sein erster Gedanke.*
Cela **part d'**un bon sentiment. *Es **ist gut gemeint**.*

Redewendungen

partir à pieds *zu Fuß gehen*
partir en voiture/train *mit dem Auto/Zug fahren*
partir en avion *fliegen*
partir en retard/avance *zu spät/früh gehen*
partir de rien *mit nichts anfangen*
partir faire qc. *gehen, um etw. zu tun*
partir en vacances *in Urlaub fahren*
laisser partir qn. *jdn. gehen lassen*

Andere Verben

arriver *ankommen*
rester *bleiben*
demeurer *bleiben*
s'installer *sich niederlassen*
repartir *wieder weggehen*

Gebrauch

In den drei Singularformen verliert der Stamm von partir das -t. So lautet z. B. die Form der 1. Person Singular je **pars** *ich **gehe***.
Ansonsten ist das Konjugationsmuster von partir sehr regelmäßig.

Tipps & Tricks

Die Verben mentir *lügen*, sentir *riechen/fühlen*, repartir *wieder gehen* und sortir *ausgehen* haben das gleiche Konjugationsmuster (▶ Alphabetische Verbliste).

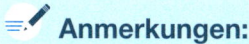

Anmerkungen:

51 payer *bezahlen*

Indicatif

Présent

je	paie/paye
tu	paies/payes
il	paie/paye
nous	payons
vous	payez
ils	paient/payent

Passé composé

j'	ai	payé
tu	as	payé
il	a	payé
nous	avons	payé
vous	avez	payé
ils	ont	payé

Imparfait

je	payais
tu	payais
il	payait
nous	payions
vous	payiez
ils	payaient

Plus-que-parfait

j'	avais	payé
tu	avais	payé
il	avait	payé
nous	avions	payé
vous	aviez	payé
ils	avaient	payé

Passé simple

je	payai
tu	payas
il	paya
nous	payâmes
vous	payâtes
ils	payèrent

Passé antérieur

j'	eus	payé
tu	eus	payé
il	eut	payé
nous	eûmes	payé
vous	eûtes	payé
ils	eurent	payé

Futur simple

je	paierai/payerai
tu	paieras/payeras
il	paiera/payera
nous	paierons/payerons
vous	paierez/payerez
ils	paieront/payeront

Futur antérieur

j'	aurai	payé
tu	auras	payé
il	aura	payé
nous	aurons	payé
vous	aurez	payé
ils	auront	payé

Conditionnel

Présent

je	paierais/payerais
tu	paierais/payerais
il	paierait/payerait
nous	paierions/payerions
vous	paieriez/payeriez
ils	paieraient/payeraient

Passé

j'	aurais	payé
tu	aurais	payé
il	aurait	payé
nous	aurions	payé
vous	auriez	payé
ils	auraient	payé

Subjonctif

Présent

que je	paie/paye
que tu	paies/payes
qu' il	paie/paye
que nous	payions
que vous	payiez
qu' ils	paient/payent

Imparfait

que je	payasse
que tu	payasses
qu' il	payât
que nous	payassions
que vous	payassiez
qu' ils	payassent

Passé

que j'	aie	payé
que tu	aies	payé
qu' il	ait	payé
que nous	ayons	payé
que vous	ayez	payé
qu' ils	aient	payé

Plus-que-parfait

que j'	eusse	payé
que tu	eusses	payé
qu' il	eût	payé
que nous	eussions	payé
que vous	eussiez	payé
qu' ils	eussent	payé

Participe

Présent

payant

Passé

payé(e)

Gérondif

en payant

Impératif

paie/paye
payons
payez

Infinitif passé

avoir payé

Anwendungsbeispiele

Tu **as payé** le loyer ? *Hast du die Miete **bezahlt**?*
Il lui **a payé** une bague superbe. *Er **hat** ihr einen wunderschönen Ring **geschenkt/gekauft**.*
On peut **payer en** espèces ? *Kann man bar **bezahlen**?*
Il ne m'**a** pas **fait payer** l'entrée. *Er **hat** keinen Eintritt von mir **verlangt**.*
Je **me suis payé** une très jolie robe. *Ich **habe mir** ein sehr schönes Kleid **geleistet/gekauft**.*
Ce poste **est** mal **payé**. *Diese Stelle **ist** schlecht **bezahlt**.*

Redewendungen

se payer qc. *sich etw. leisten/gönnen*
payer de sa poche *selber/aus eigener Tasche bezahlen*
payer qn. de sa peine *jdn. für seine Mühe belohnen*
être bien payé pour le savoir *etw. am eigenen Leib erfahren*
avoir de quoi payer *genug Geld bei sich haben*
payer d'audace *kühn auftreten*
ne pas payer de mine *nicht einladend/nach nichts aussehen*

Ähnliche Verben

acheter kaufen
rembourser *zurückerstatten*
rémunérer *bezahlen/entlohnen*
régler *begleichen/bezahlen*
offrir *bezahlen/schenken*

Aufgepasst!

Das Verb payer kann vor einem stummen -e mit -i oder mit -y konjugiert werden.
Je vous paierai/payerai demain. *Ich **werde** Sie morgen **bezahlen**.*
Je paie/paye en liquide. *Ich **bezahle** bar.*

Tipps & Tricks

Das gleiche Konjugationsmuster gilt auch für die Verben balayer *fegen*, effrayer *erschrecken*, essayer *versuchen* und rayer *zerkratzen*. (▶ Alphabetische Verbliste)

Anmerkungen:

52 plaire *gefallen*

-i → -î vor -t

Indicatif

Présent

je	plais
tu	plais
il	plaît
nous	plaisons
vous	plaisez
ils	plaisent

Passé composé

j'	ai	plu
tu	as	plu
il	a	plu
nous	avons	plu
vous	avez	plu
ils	ont	plu

Imparfait

je	plaisais
tu	plaisais
il	plaisait
nous	plaisions
vous	plaisiez
ils	plaisaient

Plus-que-parfait

j'	avais	plu
tu	avais	plu
il	avait	plu
nous	avions	plu
vous	aviez	plu
ils	avaient	plu

Passé simple

je	plus
tu	plus
il	plut
nous	plûmes
vous	plûtes
ils	plurent

Passé antérieur

j'	eus	plu
tu	eus	plu
il	eut	plu
nous	eûmes	plu
vous	eûtes	plu
ils	eurent	plu

Futur simple

je	plairai
tu	plairas
il	plaira
nous	plairons
vous	plairez
ils	plairont

Futur antérieur

j'	aurai	plu
tu	auras	plu
il	aura	plu
nous	aurons	plu
vous	aurez	plu
ils	auront	plu

Conditionnel

Présent

je	plairais
tu	plairais
il	plairait
nous	plairions
vous	plairiez
ils	plairaient

Passé

j'	aurais	plu
tu	aurais	plu
il	aurait	plu
nous	aurions	plu
vous	auriez	plu
ils	auraient	plu

Subjonctif

Présent

que je	plaise
que tu	plaises
qu' il	plaise
que nous	plaisions
que vous	plaisiez
qu' ils	plaisent

Imparfait

que je	plusse
que tu	plusses
qu' il	plût
que nous	plussions
que vous	plussiez
qu' ils	plussent

Passé

que j'	aie	plu
que tu	aies	plu
qu' il	ait	plu
que nous	ayons	plu
que vous	ayez	plu
qu' ils	aient	plu

Plus-que-parfait

que j'	eusse	plu
que tu	eusses	plu
qu' il	eût	plu
que nous	eussions	plu
que vous	eussiez	plu
qu' ils	eussent	plu

Participe

Présent

plaisant

Passé

plu

Gérondif

en plaisant

Impératif

plais
plaisons
plaisez

Infinitif passé

avoir plu

Anwendungsbeispiele

Elle **plaît** beaucoup **à** ce garçon. *Sie **gefällt** diesem Jungen sehr.*
Cette couleur ne me **plaît** pas. *Diese Farbe **gefällt** mir nicht.*
Ce film **plaît** énormément. *Dieser Film **hat** viel **Erfolg**.*
Je voudrais un kilo de tomates, **s'il vous plaît**. *Ich möchte **bitte** ein Kilo Tomaten.*
Plaît-il ? *Wie **bitte**?*
Nous irons où il vous **plaira**. *Wir werden dahin gehen, wo Sie **möchten**.*
Nous **nous plaisons** beaucoup à La Rochelle. *Wir **leben gerne** in La Rochelle.*
Ils **se plaisent à** faire du jardinage. *Sie **haben Spaß daran**, im Garten zu arbeiten.*

Sprichwörter

En avril ne te découvre pas d'un fil, en mai fais ce qu'il te **plaît**. *Im April ziehe dich warm an, im Mai so, wie es dir gefällt.*
Plaire à tout le monde, c'est **plaire** à n'importe qui. *Wenn man jedem gefällt, gefällt man irgendjemandem.*

Ähnliche Verben

aimer *mögen/lieben*
apprécier *schätzen*
charmer *bezaubern*
convenir *passen*
séduire *verführen*
déplaire *nicht gefallen*
se complaire *an etw. Gefallen finden*

Aufgepasst!

Achten Sie bitte auf das -î vor einem -t:
Cela vous plaît de vivre à la campagne ? *Leben Sie **gerne** auf dem Land?*
Das Participe passé von plaire ist unveränderlich:
Cette histoire lui **a** beaucoup **plu**. *Diese Geschichte **hat** ihr sehr gut **gefallen**.*
Ils **se sont plu** tout de suite. *Sie **haben** sich sofort **gut verstanden**.*

Tipps & Tricks

Die Verben déplaire *nicht gefallen* und se complaire *Gefallen finden* folgen auch diesem Konjugationsmuster. Aber beim Verb taire *schweigen* steht im Indicatif présent ein -i vor dem -t und das Participe passé ist veränderlich: tu(e).

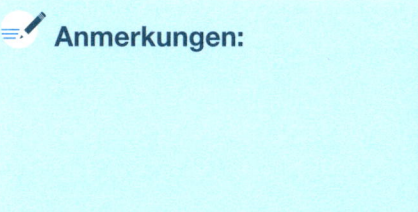

Anmerkungen:

53 pleuvoir *regnen*

Unpersönliches, unvollständiges Verb

Indicatif

Présent	Passé composé
–	–
–	–
il pleut	il a plu
–	–
–	–
–	–

Imparfait	Plus-que-parfait
–	–
–	–
il pleuvait	il avait plu
–	–
–	–
–	–

Passé simple	Passé antérieur
–	–
–	–
il plut	il eut plu
–	–
–	–
–	–

Futur simple	Futur antérieur
–	–
–	–
il pleuvra	il aura plu
–	–
–	–
–	–

Subjonctif

Présent	Imparfait
–	–
–	–
qu' il pleuve	qu' il plût
–	–
–	–
–	–

Passé	Plus-que-parfait
–	–
–	–
qu' il ait plu	qu' il eût plu
–	–
–	–
–	–

Conditionnel

Présent	Passé
–	–
–	–
il pleuvrait	il aurait plu
–	–
–	–
–	–

Participe

Présent
pleuvant

Passé
plu

Gérondif

en pleuvant

Impératif

–
–
–

Infinitif passé

avoir plu

Anwendungsbeispiele

Cela faisait des jours qu'il **pleuvait**. *Es **regnete** seit Tagen.*

Depuis près d'une heure il **pleut** à verse. *Seit ungefähr einer Stunde **regnet** es in Strömen.*

Il sort par tous les temps, qu'il **pleuve** ou qu'il vente. *Er geht jeden Tag aus dem Haus, egal ob es **regnet** oder schneit (wörtlich: oder der Wind weht).*

Les coups **pleuvaient** dans tous les sens. *Die Fäuste **flogen** durcheinander.*

Il **pleut** dans mon cœur comme il **pleut** sur la ville. *Es **regnet** in meinem Herz wie es in der Stadt **regnet**.* (Zitat von Paul Verlaine)

Il **pleut** à grosses gouttes. *Es **regnet** dicke Tropfen.*

S'il vient à **pleuvoir**, rentre à la maison. *Sollte es **regnen**, komm nach Hause.*

Sprichwörter

S'il **pleut** à la Saint Médard, il pleut quarante jours plus tard. *Wenn es am 8. Juni regnet, regnet es vierzig Tage später wieder.*

Le banquier est quelqu'un qui vous prête son parapluie lorsque le soleil brille et vous le retire aussitôt qu'il **pleut**. *Ein Bankier ist jemand, der Ihnen seinen Regenschirm gibt, wenn die Sonne scheint, und ihn Ihnen wegnimmt, sobald es regnet.* (Zitat von Mark Twain)

Ähnliche Verben

abonder *reichlich vorhanden sein*
bruiner *nieseln*
pleuviner *nieseln*
tomber *fallen*
repleuvoir *wieder regnen*

Gebrauch

Das unpersönliche Verb pleuvoir wird nur in der 3. Person Singular verwendet. Im übertragenen Sinn wird jedoch auch die 3. Person Plural gebraucht:

Les mauvaises nouvelles **pleuvaient**. *Es **hagelte** schlechte Nachrichten.*

Das Participe passé von pleuvoir ist unveränderlich.

Tipps & Tricks

Mit pleuvoir lernen Sie auch gleich la pluie *der Regen*, le parapluie *der Regenschirm* und un temps pluvieux *ein regnerisches Wetter*.

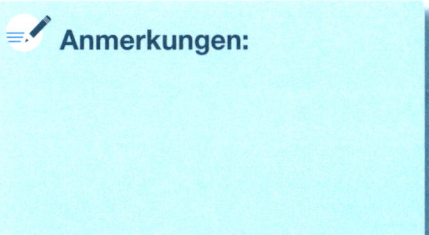

Anmerkungen:

54 pouvoir *können*

Indicatif

Présent

je	peux
tu	peux
il	peut
nous	pouvons
vous	pouvez
ils	peuvent

Passé composé

j'	ai	pu
tu	as	pu
il	a	pu
nous	avons	pu
vous	avez	pu
ils	ont	pu

Imparfait

je	pouvais
tu	pouvais
il	pouvait
nous	pouvions
vous	pouviez
ils	pouvaient

Plus-que-parfait

j'	avais	pu
tu	avais	pu
il	avait	pu
nous	avions	pu
vous	aviez	pu
ils	avaient	pu

Passé simple

je	pus
tu	pus
il	put
nous	pûmes
vous	pûtes
ils	purent

Passé antérieur

j'	eus	pu
tu	eus	pu
il	eut	pu
nous	eûmes	pu
vous	eûtes	pu
ils	eurent	pu

Futur simple

je	pourrai
tu	pourras
il	pourra
nous	pourrons
vous	pourrez
ils	pourront

Futur antérieur

j'	aurai	pu
tu	auras	pu
il	aura	pu
nous	aurons	pu
vous	aurez	pu
ils	auront	pu

Conditionnel

Présent

je	pourrais
tu	pourrais
il	pourrait
nous	pourrions
vous	pourriez
ils	pourraient

Passé

j'	aurais	pu
tu	aurais	pu
il	aurait	pu
nous	aurions	pu
vous	auriez	pu
ils	auraient	pu

Subjonctif

Présent

que je	puisse
que tu	puisses
qu' il	puisse
que nous	puissions
que vous	puissiez
qu' ils	puissent

Imparfait

que je	pusse
que tu	pusses
qu' il	pût
que nous	pussions
que vous	pussiez
qu' ils	pussent

Passé

que j'	aie	pu
que tu	aies	pu
qu' il	ait	pu
que nous	ayons	pu
que vous	ayez	pu
qu' ils	aient	pu

Plus-que-parfait

que j'	eusse	pu
que tu	eusses	pu
qu' il	eût	pu
que nous	eussions	pu
que vous	eussiez	pu
qu' ils	eussent	pu

Participe

Présent

pouvant

Passé

pu

Gérondif

en pouvant

Impératif

–

–

–

Infinitif passé

avoir pu

Anwendungsbeispiele

Je **peux** rentrer ? ***Darf** ich hereinkommen?*
Désolé, nous ne **pourrons** pas venir. *Tut mir leid, wir **können** nicht kommen.*
Il a fait ce qu'il **a pu**. *Er hat getan, was er **konnte**.*
Qu'est-ce que cela **peut** te faire ? *Was **geht** dich das **an**?*
Je n'**en peux** plus ! *Ich **kann** nicht mehr!*
Tu **pourrais** m'aider, s'il te plaît ? ***Könntest** du mir bitte helfen?*
Il **pourrait** bien pleuvoir ! *Es **könnte** regnen!*
Il **se pourrait que** nous partions pour le week-end. *Es **könnte sein, dass** wir über das Wochenende wegfahren.*

Sprichwörter

Si jeunesse savait, si vieillesse **pouvait**. *In der Jugend kann man, im Alter weiß man.*
Va où tu **peux**, meurs où tu dois. *Geh, wohin du kannst, stirb, wo du musst.*

Ähnliche Verben

être capable *in der Lage sein*
avoir l'autorisation *dürfen/die Erlaubnis haben*
avoir la possibilité *können/die Möglichkeit haben*

Gebrauch

Die Formen il se peut que/il se pourrait que werden mit dem Subjonctif gebildet:
Il **se peut/pourrait qu'**elle ne **veuille** pas lui parler. *Es **ist möglich**, dass sie nicht mit ihm sprechen **will**.*
In der 1. Person Indicatif présent wird in der gehobenen Sprache je puis statt je peux verwendet:
Puis-je vous aider ? ***Kann** ich Ihnen helfen?*
Das deutsche Verb *können* wird oft mit savoir *wissen* übersetzt:
Elle **sait** nager. *Sie **kann** schwimmen.*

Anmerkungen:

55 préférer *vorziehen*

-é in vorletzter Silbe → -è vor stummer Silbe

Indicatif

Présent

je	préfère
tu	préfères
il	préfère
nous	préférons
vous	préférez
ils	préfèrent

Passé composé

j'	ai	préféré
tu	as	préféré
il	a	préféré
nous	avons	préféré
vous	avez	préféré
ils	ont	préféré

Imparfait

je	préférais
tu	préférais
il	préférait
nous	préférions
vous	préfériez
ils	préféraient

Plus-que-parfait

j'	avais	préféré
tu	avais	préféré
il	avait	préféré
nous	avions	préféré
vous	aviez	préféré
ils	avaient	préféré

Passé simple

je	préférai
tu	préféras
il	préféra
nous	préférâmes
vous	préférâtes
ils	préférèrent

Passé antérieur

j'	eus	préféré
tu	eus	préféré
il	eut	préféré
nous	eûmes	préféré
vous	eûtes	préféré
ils	eurent	préféré

Futur simple

je	préférerai
tu	préféreras
il	préférera
nous	préférerons
vous	préférerez
ils	préféreront

Futur antérieur

j'	aurai	préféré
tu	auras	préféré
il	aura	préféré
nous	aurons	préféré
vous	aurez	préféré
ils	auront	préféré

Conditionnel

Présent

je	préférerais
tu	préférerais
il	préférerait
nous	préférerions
vous	préféreriez
ils	préféreraient

Passé

j'	aurais	préféré
tu	aurais	préféré
il	aurait	préféré
nous	aurions	préféré
vous	auriez	préféré
ils	auraient	préféré

Subjonctif

Présent

que je	préfère
que tu	préfères
qu' il	préfère
que nous	préférions
que vous	préfériez
qu' ils	préfèrent

Imparfait

que je	préférasse
que tu	préférasses
qu' il	préférât
que nous	préférassions
que vous	préférassiez
qu' ils	préférassent

Passé

que j'	aie	préféré
que tu	aies	préféré
qu' il	ait	préféré
que nous	ayons	préféré
que vous	ayez	préféré
qu' ils	aient	préféré

Plus-que-parfait

que j'	eusse	préféré
que tu	eusses	préféré
qu' il	eût	préféré
que nous	eussions	préféré
que vous	eussiez	préféré
qu' ils	eussent	préféré

Participe

Présent

préférant

Passé

préféré(e)

Gérondif

en préférant

Impératif

préfère
préférons
préférez

Infinitif passé

avoir préféré

Anwendungsbeispiele

Je **préfère** les pommes **aux** poires. *Ich **mag** Äpfel **lieber als** Birnen.*
Nous **préférons** passer les vacances à la mer **que de** partir à la montagne. *Wir **verbringen** die Ferien **lieber** am Meer, **als** in die Berge zu fahren.*
Je **préfère** la voiture **au** train. *Ich **fahre lieber** mit dem Auto **als** mit der Bahn.*
Il me **préfère avec** les cheveux longs. *Ich **gefalle** ihm **mit** langen Haaren **besser**.*
Je **préfère** le bleu. *Blau **gefällt** mir **besser**.*
Cette plante **préfère** l'ombre. *Diese Pflanze **wächst im/braucht** Schatten.*
Comme vous **préférez**. *Ganz wie Sie **wollen**.*

Witz

Une grand-mère dit à son petit-fils : « Pour ton anniversaire, je vais te faire un gâteau avec 12 bougies ! »
«Tu sais, Mamie, je **préférerais** que tu me fasses 12 gâteaux avec une bougie ! »

Andere Verben

détester *hassen*
haïr *hassen*
aimer le moins *am wenigsten mögen*
ne pas pouvoir souffrir qn./qc. *jdn./etw. nicht leiden können*

Gebrauch

Achten Sie bitte darauf, dass, préférer que den Subjonctif nach sich zieht:
Elle **préfère que** nous **venions** vers 20 heures. *Es **ist** ihr **lieber**, wenn wir gegen 20 Uhr **kommen**.*
J'**aurais préféré qu**'il y **ait pensé** lui-même. *Es **wäre** mir **lieber gewesen**, wenn er selber daran **gedacht hätte**.*
Je **préfère que** tu **viennes** avec nous au cinema. *Es **ist** mir **lieber**, wenn du mit uns ins Kino gehst.*

Tipps & Tricks

Für die Verben céder *nachgeben*, compléter *ergänzen*, espérer *hoffen* und répéter *wiederholen* gilt das gleiche Konjugationsmuster (▶ Alphabetische Verbliste).

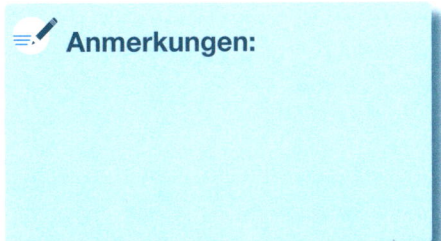

Anmerkungen:

56 prendre *nehmen*

Indicatif

Présent

je	prends
tu	prends
il	prend
nous	prenons
vous	prenez
ils	prennent

Passé composé

j'	ai	pris
tu	as	pris
il	a	pris
nous	avons	pris
vous	avez	pris
ils	ont	pris

Imparfait

je	prenais
tu	prenais
il	prenait
nous	prenions
vous	preniez
ils	prenaient

Plus-que-parfait

j'	avais	pris
tu	avais	pris
il	avait	pris
nous	avions	pris
vous	aviez	pris
ils	avaient	pris

Passé simple

je	pris
tu	pris
il	prit
nous	prîmes
vous	prîtes
ils	prirent

Passé antérieur

j'	eus	pris
tu	eus	pris
il	eut	pris
nous	eûmes	pris
vous	eûtes	pris
ils	eurent	pris

Futur simple

je	prendrai
tu	prendras
il	prendra
nous	prendrons
vous	prendrez
ils	prendront

Futur antérieur

j'	aurai	pris
tu	auras	pris
il	aura	pris
nous	aurons	pris
vous	aurez	pris
ils	auront	pris

Conditionnel

Présent

je	prendrais
tu	prendrais
il	prendrait
nous	prendrions
vous	prendriez
ils	prendraient

Passé

j'	aurais	pris
tu	aurais	pris
il	aurait	pris
nous	aurions	pris
vous	auriez	pris
ils	auraient	pris

Subjonctif

Présent

que je	prenne
que tu	prennes
qu' il	prenne
que nous	prenions
que vous	preniez
qu' ils	prennent

Imparfait

que je	prisse
que tu	prisses
qu' il	prît
que nous	prissions
que vous	prissiez
qu' ils	prissent

Passé

que j'	aie	pris
que tu	aies	pris
qu' il	ait	pris
que nous	ayons	pris
que vous	ayez	pris
qu' ils	aient	pris

Plus-que-parfait

que j'	eusse	pris
que tu	eusses	pris
qu' il	eût	pris
que nous	eussions	pris
que vous	eussiez	pris
qu' ils	eussent	pris

Participe

Présent

prenant

Passé

pris(e)

Gérondif

en prenant

Impératif

prends
prenons
prenez

Infinitif passé

avoir pris

Anwendungsbeispiele

Il **prend** du sucre **avec** son café. *Er **nimmt** Zucker **in** seinen Kaffee.*
On **prend** un verre ? ***Trinken** wir was?*
Quand **prenez**-vous votre retraite ? *Wann **gehen** Sie in den Ruhestand?*
Combien **prend**-il de l'heure ? *Welchen Stundenlohn **verlangt** er?*
Elle **fut prise de** panique. *Sie **geriet in** Panik.*
Il l'**a prise en** photo. *Er **hat** sie **fotografiert**.*
Elle **se prend** trop au sérieux. *Sie **nimmt sich** zu ernst.*
Ils **s'en prennent au** gouvernement. *Sie **machen** die Regierung **dafür verantwortlich**.*
Je **me** suis **pris** les pieds **dans** le tapis. *Ich **bin über** den Teppich **gestolpert*** (wörtlich: ***bin** mit den Füßen **im** Teppich **hängen geblieben***).

Witz

Deux puces sortent du cinéma. L'une dit à l'autre : « On rentre à pied ou on **prend** un chien ? »

ÄhnlicheVerben

emporter *mitnehmen*
emmener *mitnehmen*
saisir *packen/fassen*
attraper *fangen*
apprendre *lernen*
comprendre *verstehen*
surprendre *überraschen*
entreprendre *unternehmen*
se méprendre *sich irren*

Aufgepasst!

Beachten Sie die zahlreichen Stammänderungen, die unterschiedliche Aussprache- und Schreibweisen nach sich ziehen, z. B.:
que je **prenne** *dass ich **nehme***
que nous **prenions** *dass wir **nehmen***
Wie bei rendre hat die 3. Person Singular im Indicatif présent keine Endung:
Elle prend de l'eau. *Sie **nimmt** ein Wasser.*

Tipps & Tricks

Alle abgeleiteten Verbformen von prendre werden nach diesem Konjugationsmuster konjugiert (▶ Alphabetische Verbliste): apprendre *lernen*, comprendre *verstehen*, surprendre *überraschen* etc.

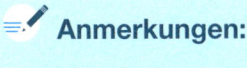

Anmerkungen:

57 prévoir *vorhersehen*

Indicatif

Présent

je	prévois
tu	prévois
il	prévoit
nous	prévoyons
vous	prévoyez
ils	prévoient

Passé composé

j'	ai	prévu
tu	as	prévu
il	a	prévu
nous	avons	prévu
vous	avez	prévu
ils	ont	prévu

Imparfait

je	prévoyais
tu	prévoyais
il	prévoyait
nous	prévoyions
vous	prévoyiez
ils	prévoyaient

Plus-que-parfait

j'	avais	prévu
tu	avais	prévu
il	avait	prévu
nous	avions	prévu
vous	aviez	prévu
ils	avaient	prévu

Passé simple

je	prévis
tu	prévis
il	prévit
nous	prévîmes
vous	prévîtes
ils	prévirent

Passé antérieur

j'	eus	prévu
tu	eus	prévu
il	eut	prévu
nous	eûmes	prévu
vous	eûtes	prévu
ils	eurent	prévu

Futur simple

je	prévoirai
tu	prévoiras
il	prévoira
nous	prévoirons
vous	prévoirez
ils	prévoiront

Futur antérieur

j'	aurai	prévu
tu	auras	prévu
il	aura	prévu
nous	aurons	prévu
vous	aurez	prévu
ils	auront	prévu

Conditionnel

Présent

je	prévoirais
tu	prévoirais
il	prévoirait
nous	prévoirions
vous	prévoiriez
ils	prévoiraient

Passé

j'	aurais	prévu
tu	aurais	prévu
il	aurait	prévu
nous	aurions	prévu
vous	auriez	prévu
ils	auraient	prévu

Subjonctif

Présent

que je	prévoie
que tu	prévoies
qu' il	prévoie
que nous	prévoyions
que vous	prévoyiez
qu' ils	prévoient

Imparfait

que je	prévisse
que tu	prévisses
qu' il	prévît
que nous	prévissions
que vous	prévissiez
qu' ils	prévissent

Passé

que j'	aie	prévu
que tu	aies	prévu
qu' il	ait	prévu
que nous	ayons	prévu
que vous	ayez	prévu
qu' ils	aient	prévu

Plus-que-parfait

que j'	eusse	prévu
que tu	eusses	prévu
qu' il	eût	prévu
que nous	eussions	prévu
que vous	eussiez	prévu
qu' ils	eussent	prévu

Participe

Présent

prévoyant

Passé

prévu(e)

Gérondif

en prévoyant

Impératif

prévois
prévoyons
prévoyez

Infinitif passé

avoir prévu

Anwendungsbeispiele

J'**avais prévu** sa réaction. *Ich **hatte** seine Reaktion **vorausgesehen**.*
As-tu **prévu** un pique-nique pour le voyage ? ***Hast** du eine Brotzeit für die Reise **besorgt**?*
Nous **prévoyons que** les négociations seront difficiles. *Wir **rechnen damit, dass** die Verhandlungen schwierig werden.*
Tout **laisse prévoir qu**'il sera réélu. *Alles **deutet darauf hin, dass** er wiedergewählt wird.*
Cette voiture **est prévue pour** cinq personnes. *Dieses Auto **ist für** fünf Personen **gebaut**.*
Ce délit **est prévu par** la loi. *Dieses Verbrechen **ist laut** Gesetz **strafbar**.*

Redewendungen

prévoir l'avenir *die Zukunft vorhersagen/verhersehen*
prévoir une catastrophe *eine Katastrophe ankündigen*
prévoir grand *groß genug vorsehen/planen*
avoir qc. de prévu *etw. vorhaben*
prévoir de faire qc. *planen, etw. zu tun/vorhaben*

Ähnliche Verben

anticiper *voraussehen*
pressentir *vorausahnen*
pronostiquer *voraussagen*
organiser *organisieren/vorsorgen*

Aufgepasst!

Das Verb prévoir wird wie voir *sehen* konjugiert, außer im Futur simple und im Conditionnel présent.
Beachten Sie daher vor allem die abweichenden Formen, wie beispielsweise nous **prévoirons** *wir **werden vorhersehen*** und ils **prévoiraient** *sie **würden vorhersehen**.*

Anmerkungen:

58 recevoir *bekommen*

-c → -ç vor -o und -u

Indicatif

Présent

je	reçois
tu	reçois
il	reçoit
nous	recevons
vous	recevez
ils	reçoivent

Passé composé

j'	ai	reçu
tu	as	reçu
il	a	reçu
nous	avons	reçu
vous	avez	reçu
ils	ont	reçu

Imparfait

je	recevais
tu	recevais
il	recevait
nous	recevions
vous	receviez
ils	recevaient

Plus-que-parfait

j'	avais	reçu
tu	avais	reçu
il	avait	reçu
nous	avions	reçu
vous	aviez	reçu
ils	avaient	reçu

Passé simple

je	reçus
tu	reçus
il	reçut
nous	reçûmes
vous	reçûtes
ils	reçurent

Passé antérieur

j'	eus	reçu
tu	eus	reçu
il	eut	reçu
nous	eûmes	reçu
vous	eûtes	reçu
ils	eurent	reçu

Futur simple

je	recevrai
tu	recevras
il	recevra
nous	recevrons
vous	recevrez
ils	recevront

Futur antérieur

j'	aurai	reçu
tu	auras	reçu
il	aura	reçu
nous	aurons	reçu
vous	aurez	reçu
ils	auront	reçu

Conditionnel

Présent

je	recevrais
tu	recevrais
il	recevrait
nous	recevrions
vous	recevriez
ils	recevraient

Passé

j'	aurais	reçu
tu	aurais	reçu
il	aurait	reçu
nous	aurions	reçu
vous	auriez	reçu
ils	auraient	reçu

Subjonctif

Présent

que je	reçoive
que tu	reçoives
qu' il	reçoive
que nous	recevions
que vous	receviez
qu' ils	reçoivent

Imparfait

que je	reçusse
que tu	reçusses
qu' il	reçût
que nous	reçussions
que vous	reçussiez
qu' ils	reçussent

Passé

que j'	aie	reçu
que tu	aies	reçu
qu' il	ait	reçu
que nous	ayons	reçu
que vous	ayez	reçu
qu' ils	aient	reçu

Plus-que-parfait

que j'	eusse	reçu
que tu	eusses	reçu
qu' il	eût	reçu
que nous	eussions	reçu
que vous	eussiez	reçu
qu' ils	eussent	reçu

Participe

Présent

recevant

Passé

reçu(e)

Gérondif

en recevant

Impératif

reçois
recevons
recevez

Infinitif passé

avoir reçu

Anwendungsbeispiele

As-tu **reçu** mon e-mail ? ***Hast** du meine E-Mail **erhalten**?*

Elle **a reçu** un caillou sur la tête. *Ein Stein **hat** sie am Kopf **getroffen**.*

Cette année, 65 % des candidats **ont été reçus au** baccalauréat. *Dieses Jahr **haben** 65 % der Kandidaten das Abitur **bestanden**.*

Je n'ai pas de leçons à **recevoir de** vous. *Sie haben mich nicht zu belehren.*

Ils aiment **recevoir**. *Sie **haben** gern **Gäste**.*

Cette affaire **a reçu** toute son attention. *Er **hat** dieser Angelegenheit seine ganze Aufmerksamkeit **gewidmet**.*

Elle **a reçu** une lettre **de** son ami. *Sie **hat** einen Brief **von** ihrem Freund **erhalten**.*

Redewendungen

recevoir son salaire *sein Gehalt bekommen*
recevoir qn. à déjeuner/dîner *einen Gast zum Mittag-/Abendessen haben*
recevoir la visite de qn. *Besuch von jdm. haben*
recevoir qc. en cadeau *etw. als Geschenk bekommen*
recevoir qn. chez soi *jdn. zu sich nach Hause einladen*
recevoir qn. gentiment *jdn. freundlich empfangen*
être reçu à un examen *eine Prüfung bestehen*

Andere Verben

donner *geben*
offrir *schenken*
payer *bezahlen*
envoyer *senden*

Aufgepasst!

Achten Sie bitte bei recevoir auf das ç- vor -o und -u:
je reçois *ich **bekomme***
elle a reçu *sie **hat bekommen***

Tipps & Tricks

Die Verben apercevoir *bemerken*, décevoir *enttäuschen*, concevoir *planen* und percevoir *wahrnehmen* werden ebenfalls nach diesem Konjugationsmuster konjugiert (▶ Alphabetische Verbliste).

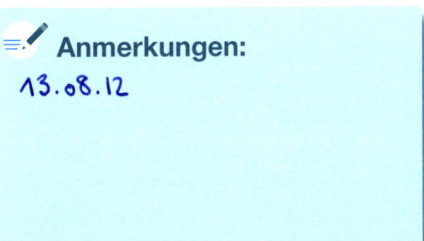

Anmerkungen:
13.08.12

59 rendre *zurückgeben*

Indicatif

Présent

je	rends
tu	rends
il	rend
nous	rendons
vous	rendez
ils	rendent

Passé composé

j'	ai	rendu
tu	as	rendu
il	a	rendu
nous	avons	rendu
vous	avez	rendu
ils	ont	rendu

Imparfait

je	rendais
tu	rendais
il	rendait
nous	rendions
vous	rendiez
ils	rendaient

Plus-que-parfait

j'	avais	rendu
tu	avais	rendu
il	avait	rendu
nous	avions	rendu
vous	aviez	rendu
ils	avaient	rendu

Passé simple

je	rendis
tu	rendis
il	rendit
nous	rendîmes
vous	rendîtes
ils	rendirent

Passé antérieur

j'	eus	rendu
tu	eus	rendu
il	eut	rendu
nous	eûmes	rendu
vous	eûtes	rendu
ils	eurent	rendu

Futur simple

je	rendrai
tu	rendras
il	rendra
nous	rendrons
vous	rendrez
ils	rendront

Futur antérieur

j'	aurai	rendu
tu	auras	rendu
il	aura	rendu
nous	aurons	rendu
vous	aurez	rendu
ils	auront	rendu

Conditionnel

Présent

je	rendrais
tu	rendrais
il	rendrait
nous	rendrions
vous	rendriez
ils	rendraient

Passé

j'	aurais	rendu
tu	aurais	rendu
il	aurait	rendu
nous	aurions	rendu
vous	auriez	rendu
ils	auraient	rendu

Subjonctif

Présent

que je	rende
que tu	rendes
qu' il	rende
que nous	rendions
que vous	rendiez
qu' ils	rendent

Imparfait

que je	rendisse
que tu	rendisses
qu' il	rendît
que nous	rendissions
que vous	rendissiez
qu' ils	rendissent

Passé

que j'	aie	rendu
que tu	aies	rendu
qu' il	ait	rendu
que nous	ayons	rendu
que vous	ayez	rendu
qu' ils	aient	rendu

Plus-que-parfait

que j'	eusse	rendu
que tu	eusses	rendu
qu' il	eût	rendu
que nous	eussions	rendu
que vous	eussiez	rendu
qu' ils	eussent	rendu

Participe

Présent

rendant

Passé

rendu(e)

Gérondif

en rendant

Impératif

rends
rendons
rendez

Infinitif passé

avoir rendu

Anwendungsbeispiele

Elle **a rendu** le jouet **à** Julien. *Sie* ***hat*** *Julien das Spielzeug* ***zurückgegeben****.*
Attendez, je vous **rends** la monnaie. *Warten Sie, ich* ***gebe*** *Ihnen das Wechselgeld* ***heraus****.*
Il **a rendu**. *Er* ***hat sich erbrochen****.*
C'est à vous **rendre** fou ! *Es ist zum Verrückt****werden****!*
Les soldats **se sont rendus**. *Die Soldaten* ***haben sich ergeben****.*
Je **me rends** toujours **au** bureau en métro. *Ich* ***fahre*** *immer mit der U-Bahn* ***zur*** *Arbeit.*

Redewendungen

rendre visite à qn. *jdn. besuchen*
rendre hommage à qn. *jdm. die Ehre erweisen*
rendre service à qn. *jdm. helfen*
rendre la santé à qn. *jdn. heilen*
rendre public *veröffentlichen*
rendre l'âme *sterben*
rendre son tablier *kündigen*

Ähnliche Verben

rembourser *zurückerstatten*
redonner *zurückgeben*
restituer *zurückgeben*
vomir *erbrechen*
aller *gehen*
capituler *kapitulieren*

Aufgepasst!

Wie bei prendre *nehmen* und vaincre *besiegen* beachten Sie bitte auch bei rendre, dass die 3. Person Singular keine Endung hat:
Elle **rend** la monnaie. *Sie* ***gibt*** *das Wechselgeld* ***heraus****.*

Tipps & Tricks

Für die Verben attendre *warten*, défendre *verteidigen*, descendre *heruntergehen*, répondre *antworten*, tendre *reichen* und vendre *verkaufen* gilt ebenfalls dieses Konjugationsmuster (▶ Alphabetische Verbliste).

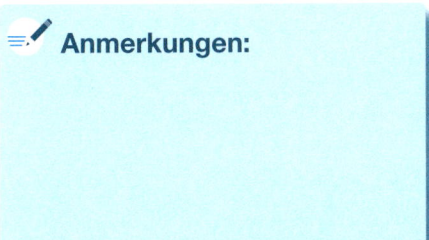

Anmerkungen:

60 résoudre *lösen*

Indicatif

Présent

je	résous
tu	résous
il	résout
nous	résolvons
vous	résolvez
ils	résolvent

Passé composé

j'	ai	résolu
tu	as	résolu
il	a	résolu
nous	avons	résolu
vous	avez	résolu
ils	ont	résolu

Imparfait

je	résolvais
tu	résolvais
il	résolvait
nous	résolvions
vous	résolviez
ils	résolvaient

Plus-que-parfait

j'	avais	résolu
tu	avais	résolu
il	avait	résolu
nous	avions	résolu
vous	aviez	résolu
ils	avaient	résolu

Passé simple

je	résolus
tu	résolus
il	résolut
nous	résolûmes
vous	résolûtes
ils	résolurent

Passé antérieur

j'	eus	résolu
tu	eus	résolu
il	eut	résolu
nous	eûmes	résolu
vous	eûtes	résolu
ils	eurent	résolu

Futur simple

je	résoudrai
tu	résoudras
il	résoudra
nous	résoudrons
vous	résoudrez
ils	résoudront

Futur antérieur

j'	aurai	résolu
tu	auras	résolu
il	aura	résolu
nous	aurons	résolu
vous	aurez	résolu
ils	auront	résolu

Conditionnel

Présent

je	résoudrais
tu	résoudrais
il	résoudrait
nous	résoudrions
vous	résoudriez
ils	résoudraient

Passé

j'	aurais	résolu
tu	aurais	résolu
il	aurait	résolu
nous	aurions	résolu
vous	auriez	résolu
ils	auraient	résolu

Subjonctif

Présent

que je	résolve
que tu	résolves
qu' il	résolve
que nous	résolvions
que vous	résolviez
qu' ils	résolvent

Imparfait

que je	résolusse
que tu	résolusses
qu' il	résolût
que nous	résolussions
que vous	résolussiez
qu' ils	résolussent

Passé

que j'	aie	résolu
que tu	aies	résolu
qu' il	ait	résolu
que nous	ayons	résolu
que vous	ayez	résolu
qu' ils	aient	résolu

Plus-que-parfait

que j'	eusse	résolu
que tu	eusses	résolu
qu' il	eût	résolu
que nous	eussions	résolu
que vous	eussiez	résolu
qu' ils	eussent	résolu

Participe

Présent

résolvant

Passé

résolu(e)

Gérondif

en résolvant

Impératif

résous
résolvons
résolvez

Infinitif passé

avoir résolu

Anwendungsbeispiele

Voici une énigme **à résoudre**. *Dies ist ein Rätsel **zum Lösen**.*
Il n'est pas facile de **résoudre** ce problème. *Es ist nicht leicht, dieses Problem zu **lösen**.*
Nous **avons résolu de** ne pas réagir. *Wir **haben beschlossen**, nicht zu reagieren.*
Nous **nous sommes résolus à** vendre la maison. *Wir **haben uns entschlossen**, das Haus **zu** verkaufen.*
Ils **ont résolu** sa mort. *Sie **haben** über seinen Tod **entschieden**.*
La vapeur **se résout en** pluie. *Der Dampf **wird zu** Regen.*

Redewendungen

résoudre un problème de mathématique *eine Mathematikaufgabe lösen*
résoudre un contrat *einen Vertrag auflösen*
résoudre une tumeur *einen Tumor zur Rückbildung bringen*

Ähnliche Verben

solutionner *lösen*
comprendre *verstehen*
deviner *erraten*
décomposer *auflösen*
résilier *auflösen*
analyser *analysieren*
décider *entscheiden/beschließen*
absoudre *verzeihen*
dissoudre *auflösen*

Aufgepasst!

Das Verb résoudre hat zwei Formen im Participe passé.

- résolu(e):
  Un problème **est résolu**. *Ein Problem wird gelöst.*
- résous/résoute (Chemie):
  Un gaz **est résous** en liquide: *Ein Gas wird verflüssigt.*

Tipps & Tricks

Die Verben absoudre *verzeihen* und dissoudre *auflösen* werden auch nach diesem Konjugationsmuster konjugiert (▶ Alphabetische Verbliste). Sie bilden aber das Participe passé wie folgt: absous/absoute und dissous/dissoute.

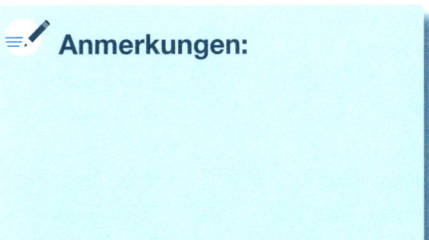

Anmerkungen:

61 rire *lachen*

Indicatif

Présent

je	ris
tu	ris
il	rit
nous	rions
vous	riez
ils	rient

Passé composé

j'	ai	ri
tu	as	ri
il	a	ri
nous	avons	ri
vous	avez	ri
ils	ont	ri

Imparfait

je	riais
tu	riais
il	riait
nous	riions
vous	riiez
ils	riaient

Plus-que-parfait

j'	avais	ri
tu	avais	ri
il	avait	ri
nous	avions	ri
vous	aviez	ri
ils	avaient	ri

Passé simple

je	ris
tu	ris
il	rit
nous	rîmes
vous	rîtes
ils	rirent

Passé antérieur

j'	eus	ri
tu	eus	ri
il	eut	ri
nous	eûmes	ri
vous	eûtes	ri
ils	eurent	ri

Futur simple

je	rirai
tu	riras
il	rira
nous	rirons
vous	rirez
ils	riront

Futur antérieur

j'	aurai	ri
tu	auras	ri
il	aura	ri
nous	aurons	ri
vous	aurez	ri
ils	auront	ri

Conditionnel

Présent

je	rirais
tu	rirais
il	rirait
nous	ririons
vous	ririez
ils	riraient

Passé

j'	aurais	ri
tu	aurais	ri
il	aurait	ri
nous	aurions	ri
vous	auriez	ri
ils	auraient	ri

Subjonctif

Présent

que je	rie
que tu	ries
qu' il	rie
que nous	riions
que vous	riiez
qu' ils	rient

Imparfait

que je	risse
que tu	risses
qu' il	rît
que nous	rissions
que vous	rissiez
qu' ils	rissent

Passé

que j'	aie	ri
que tu	aies	ri
qu' il	ait	ri
que nous	ayons	ri
que vous	ayez	ri
qu' ils	aient	ri

Plus-que-parfait

que j'	eusse	ri
que tu	eusses	ri
qu' il	eût	ri
que nous	eussions	ri
que vous	eussiez	ri
qu' ils	eussent	ri

Participe

Présent

riant

Passé

ri

Gérondif

en riant

Impératif

ris
rions
riez

Infinitif passé

avoir ri

Anwendungsbeispiele

Nous **avons** bien **ri**. *Wir **haben** sehr **gelacht**.*
Elle **a ri de** ses plaisanteries. *Sie **hat über** seine Witze **gelacht**.*
Il **se rit de** toi. *Er **macht sich über** dich **lustig**.*
Ses yeux **riaient**. *Seine Augen **strahlten**.*
Il n'y a de quoi **rire**. *Da gibt es nichts zu **lachen**.*
Vous **voulez rire** ? ***Machen** Sie **Spaß**?*
Vous me faites **rire** ! *Dass ich nicht **lache**!*
Il **a ri aux éclats**. *Er **lachte lauthals los**.*
Sans rire, c'est toi qui as gagné. ***Scherz beiseite**, du hast gewonnen.*
Mieux vaut **en rire** qu'en pleurer. *Es ist besser, es **mit Humor zu nehmen**.*

Sprichwörter

Rira bien qui **rira** le dernier. *Wer zuletzt lacht, lacht am besten.*
Plus on est de fous, plus on **rit**. *Je mehr Leute, umso lustiger.*
Ris et le monde **rira** avec toi; pleure et tu pleureras seul. *Wenn du lachst, lacht die Welt mit dir; wenn du weinst, weinst du allein.*

Ähnliche Verben

s'amuser *Spaß haben*
se distraire *sich amüsieren*
se divertir *sich amüsieren*
se moquer *sich lustig machen*
sourire *lächeln*

Aufgepasst!

Merken Sie sich bitte die Schreibweise mit -ii in der 1. und 2. Person Plural des Imparfait und des Subjonctif présent wie beispielsweise in vous riiez *Sie **lachten**.*

Das Participe passé ist unveränderlich, auch in der Reflexivform:
Elle **s'est ri de** lui. *Sie **hat sich über** ihn **lustig gemacht**.*

Tipps & Tricks

Das Verb sourire *lächeln* wird nach dem gleichen Konjugationsmuster konjugiert (▶ Alphabetische Verbliste).

Anmerkungen:

62 servir *(be)dienen*

Indicatif

Présent

je	sers
tu	sers
il	sert
nous	servons
vous	servez
ils	servent

Passé composé

j'	ai	servi
tu	as	servi
il	a	servi
nous	avons	servi
vous	avez	servi
ils	ont	servi

Imparfait

je	servais
tu	servais
il	servait
nous	servions
vous	serviez
ils	servaient

Plus-que-parfait

j'	avais	servi
tu	avais	servi
il	avait	servi
nous	avions	servi
vous	aviez	servi
ils	avaient	servi

Passé simple

je	servis
tu	servis
il	servit
nous	servîmes
vous	servîtes
ils	servirent

Passé antérieur

j'	eus	servi
tu	eus	servi
il	eut	servi
nous	eûmes	servi
vous	eûtes	servi
ils	eurent	servi

Futur simple

je	servirai
tu	serviras
il	servira
nous	servirons
vous	servirez
ils	serviront

Futur antérieur

j'	aurai	servi
tu	auras	servi
il	aura	servi
nous	aurons	servi
vous	aurez	servi
ils	auront	servi

Conditionnel

Présent

je	servirais
tu	servirais
il	servirait
nous	servirions
vous	serviriez
ils	serviraient

Passé

j'	aurais	servi
tu	aurais	servi
il	aurait	servi
nous	aurions	servi
vous	auriez	servi
ils	auraient	servi

Subjonctif

Présent

que je	serve
que tu	serves
qu' il	serve
que nous	servions
que vous	serviez
qu' ils	servent

Imparfait

que je	servisse
que tu	servisses
qu' il	servît
que nous	servissions
que vous	servissiez
qu' ils	servissent

Passé

que j'	aie	servi
que tu	aies	servi
qu' il	ait	servi
que nous	ayons	servi
que vous	ayez	servi
qu' ils	aient	servi

Plus-que-parfait

que j'	eusse	servi
que tu	eusses	servi
qu' il	eût	servi
que nous	eussions	servi
que vous	eussiez	servi
qu' ils	eussent	servi

Participe

Présent

servant

Passé

servi(e)

Gérondif

en servant

Impératif

sers
servons
servez

Infinitif passé

avoir servi

Anwendungsbeispiele

Qu'est-ce que je vous **sers** ? *Was darf ich Ihnen* ***anbieten****?*
Il m'**a servi à** boire. *Er* ***hat*** *mir etwas* ***zu trinken gegeben****.*
J'**ai servi** de la soupe **aux** enfants. *Ich* ***habe*** *den Kindern Suppe* ***gegeben****.*
A quoi ça **sert** ? *Wozu* ***dient*** *das?*
Cela ne **sert à** rien de crier. *Es* ***nützt*** *nichts zu schreien.*
Cette pièce nous **sert de** bureau. *Diesen Raum* ***nutzen*** *wir* ***als*** *Büro.*
Elle **se fait servir**. *Sie* ***lässt sich bedienen****.*
Tu **te sers** toujours le premier ! *Du* ***bedienst dich*** *immer als Erster!*
Servez-vous en gateau ! ***Nehmen Sie sich*** *Kuchen!*
Ce vin **se sert** au dessert. *Dieser Wein* ***wird zur*** *Nachspeise* ***gereicht****.*
Cette pile n'**a servi** qu'une fois. *Diese Batterie* ***ist*** *nur einmal* ***benutzt worden****.*

Sprichwörter

On n'**est** jamais si bien **servi** que par soi-même. *Man kennt sich selbst am besten.*
Rien ne **sert** de courir, il faut partir à point. *Das nützt jetzt auch nichts mehr.*

Ähnliche Verben

donner *geben*
être utile *nützlich sein*
employer *verwenden/gebrauchen*
utiliser *verwenden/gebrauchen*
(se) resservir *(sich) wieder (be)dienen*
desservir *abräumen*
asservir *unterwerfen*

Aufgepasst!

Achten Sie bitte auf den kurzen Stamm im Singular im Indicatif présent und im Impératif:
Elle se **sert** beaucoup de cet outil. *Sie* ***benutzt*** *dieses Werkzeug oft.*
Das Verb servir wird auch als reflexives Verb verwendet:
Je **me sers** beaucoup **de** mon portable. *Ich* ***benutze*** *mein Handy sehr oft.*
Sers-toi de mes gants ! ***Nimm*** *meine Handschuhe!*

Tipps & Tricks

Die Verben (se) resservir *(sich) wieder (be)dienen* und desservir *abräumen* werden nach dem gleichen Konjugationsmuster (▶ Alphabetische Verbliste) konjugiert. Aber asservir *unterwerfen* wird wie finir *beenden* konjugiert.

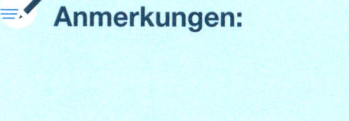

Anmerkungen:

63 suffire *genügen*

Indicatif

Présent

je	suffis
tu	suffis
il	suffit
nous	suffisons
vous	suffisez
ils	suffisent

Passé composé

j'	ai	suffi
tu	as	suffi
il	a	suffi
nous	avons	suffi
vous	avez	suffi
ils	ont	suffi

Imparfait

je	suffisais
tu	suffisais
il	suffisait
nous	suffisions
vous	suffisiez
ils	suffisaient

Plus-que-parfait

j'	avais	suffi
tu	avais	suffi
il	avait	suffi
nous	avions	suffi
vous	aviez	suffi
ils	avaient	suffi

Passé simple

je	suffis
tu	suffis
il	suffit
nous	suffîmes
vous	suffîtes
ils	suffirent

Passé antérieur

j'	eus	suffi
tu	eus	suffi
il	eut	suffi
nous	eûmes	suffi
vous	eûtes	suffi
ils	eurent	suffi

Futur simple

je	suffirai
tu	suffiras
il	suffira
nous	suffirons
vous	suffirez
ils	suffiront

Futur antérieur

j'	aurai	suffi
tu	auras	suffi
il	aura	suffi
nous	aurons	suffi
vous	aurez	suffi
ils	auront	suffi

Conditionnel

Présent

je	suffirais
tu	suffirais
il	suffirait
nous	suffirions
vous	suffiriez
ils	suffiraient

Passé

j'	aurais	suffi
tu	aurais	suffi
il	aurait	suffi
nous	aurions	suffi
vous	auriez	suffi
ils	auraient	suffi

Subjonctif

Présent

que je	suffise
que tu	suffises
qu' il	suffise
que nous	suffisions
que vous	suffisiez
qu' ils	suffisent

Imparfait

que je	suffisse
que tu	suffisses
qu' il	suffît
que nous	suffissions
que vous	suffissiez
qu' ils	suffissent

Passé

que j'	aie	suffi
que tu	aies	suffi
qu' il	ait	suffi
que nous	ayons	suffi
que vous	ayez	suffi
qu' ils	aient	suffi

Plus-que-parfait

que j'	eusse	suffi
que tu	eusses	suffi
qu' il	eût	suffi
que nous	eussions	suffi
que vous	eussiez	suffi
qu' ils	eussent	suffi

Participe

Présent

suffisant

Passé

suffi

Gérondif

en suffisant

Impératif

suffis
suffisons
suffisez

Infinitif passé

avoir suffi

Anwendungsbeispiele

Merci, cela me **suffit** ! *Danke, es **reicht**.*
Son salaire **suffit à** les faire vivre. *Sein Gehalt **reicht aus**, **um** sie zu ernähren.*
Il **suffit de** téléphoner pour s'inscrire. *Um sich anzumelden, **braucht** man **nur** anzurufen.*
Il **suffit que** tu mettes cet ensemble pour être élégante. *Es **genügt**, **wenn** du diesen Anzug anziehst, um elegant auszusehen.*
Il **se suffit à** lui même. *Er **genügt sich** selbst.*
A chaque jour **suffit** sa peine. *Mehr kann man nicht tun.*
Il **suffit d'**un rien. *Eine Kleinigkeit **genügt**.*

Witz

Un jeune homme va se confesser juste avant son mariage. Lorsqu'il a terminé, il demande au curé quelle sera sa pénitence.
Ce dernier lui répond : « Aucune, mon fils vous allez vous marier, cela **suffit** comme ça ! »

Ähnliche Verben

être assez *genug* sein
être suffisant *ausreichen*
satisfaire *zufriedenstellen*

Gebrauch

Achten Sie bitte darauf, dass die unpersönliche Wendung il suffit que mit dem Subjonctif gebildet wird:
Il suffit que je **vienne** pour que vous soyez malade. ***Sobald** ich **komme**, sind Sie krank.*
In manchen Formen liegt eine Stammänderung von suffi- zu suffis- vor, wie beispielsweise im Imparfait:
Cela **suffis**ait absolument. *Das **reichte** vollkommen.*

Tipps & Tricks

Das unvollständige Verb frire *braten* sowie das Verb circoncire *beschneiden* werden zwar nach diesem Konjugationsmuster konjugiert (▶ Alphabetische Verbliste), ihr Participe passé ist jedoch veränderlich: circoncis(e), frit(e).

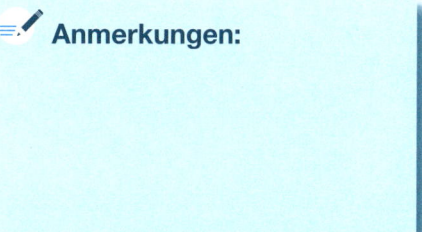

Anmerkungen:

64 suivre *folgen*

Indicatif

Présent

je	suis
tu	suis
il	suit
nous	suivons
vous	suivez
ils	suivent

Passé composé

j'	ai	suivi
tu	as	suivi
il	a	suivi
nous	avons	suivi
vous	avez	suivi
ils	ont	suivi

Imparfait

je	suivais
tu	suivais
il	suivait
nous	suivions
vous	suiviez
ils	suivaient

Plus-que-parfait

j'	avais	suivi
tu	avais	suivi
il	avait	suivi
nous	avions	suivi
vous	aviez	suivi
ils	avaient	suivi

Passé simple

je	suivis
tu	suivis
il	suivit
nous	suivîmes
vous	suivîtes
ils	suivirent

Passé antérieur

j'	eus	suivi
tu	eus	suivi
il	eut	suivi
nous	eûmes	suivi
vous	eûtes	suivi
ils	eurent	suivi

Futur simple

je	suivrai
tu	suivras
il	suivra
nous	suivrons
vous	suivrez
ils	suivront

Futur antérieur

j'	aurai	suivi
tu	auras	suivi
il	aura	suivi
nous	aurons	suivi
vous	aurez	suivi
ils	auront	suivi

Conditionnel

Présent

je	suivrais
tu	suivrais
il	suivrait
nous	suivrions
vous	suivriez
ils	suivraient

Passé

j'	aurais	suivi
tu	aurais	suivi
il	aurait	suivi
nous	aurions	suivi
vous	auriez	suivi
ils	auraient	suivi

Subjonctif

Présent

que je	suive
que tu	suives
qu' il	suive
que nous	suivions
que vous	suiviez
qu' ils	suivent

Imparfait

que je	suivisse
que tu	suivisses
qu' il	suivît
que nous	suivissions
que vous	suivissiez
qu' ils	suivissent

Passé

que j'	aie	suivi
que tu	aies	suivi
qu' il	ait	suivi
que nous	ayons	suivi
que vous	ayez	suivi
qu' ils	aient	suivi

Plus-que-parfait

que j'	eusse	suivi
que tu	eusses	suivi
qu' il	eût	suivi
que nous	eussions	suivi
que vous	eussiez	suivi
qu' ils	eussent	suivi

Participe

Présent

suivant

Passé

suivi(e)

Gérondif

en suivant

Impératif

suis
suivons
suivez

Infinitif passé

avoir suivi

Anwendungsbeispiele

Ce chien me **suit** partout. *Dieser Hund **folgt** mir überall hin.*
Son fils ne **suit** pas bien à l'école. *Ihr Sohn **kommt** in der Schule nicht gut **mit**.*
Suivez la rivière jusqu'au pont. ***Gehen** Sie den Fluss **entlang** bis zur Brücke.*
Je **suis** des cours de cuisine. *Ich **belege** einen Kochkurs.*
Elle **est suivie par** un psychologue. *Sie **wird von** einem Psychologen **betreut**.*
Nos numéros **se suivent**. *Unsere Nummern **folgen aufeinander**.*
Les jours **se suivent** et ne se ressemblent pas. *Jeder Tag ist anders.*

Redewendungen

suivre de près/de loin *aus der Ferne/Nähe verfolgen/beobachten*
suivre qn. à la trace *jdm. auf den Fersen sein*
suivre l'actualité *die Nachrichten verfolgen*
suivre la mode *mit der Mode gehen*

Ähnliche Verben

talonner *jdm. auf den Fersen sein*
filer *folgen/beschatten*
succéder *nachfolgen*
comprendre *verstehen/mitkommen*
poursuivre *verfolgen*

Aufgepasst!

Das Verb suivre hat im Singular im Indicatif présent und im Impératif einen kurzen Stamm:
Il **suit** un match de foot à la télévision. *Er **verfolgt** ein Fußballspiel im Fernsehen.*
Verwechseln Sie nicht die Verben suivre und être in der 1. Person Indicatif présent!
Je **suis** un régime. *Ich **mache** eine Diät.*
Je **suis** au régime. *Ich **bin** auf Diät.*

Tipps & Tricks

Das Verb poursuivre *verfolgen* folgt dem gleichen Konjugationsmuster (▶ Alphabetische Verbliste).

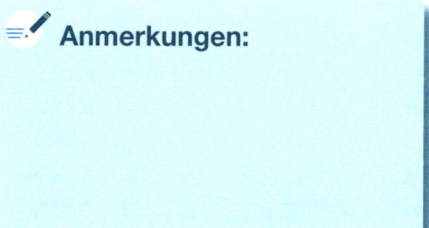

Anmerkungen:

65 vaincre *besiegen*

-c → -qu vor den Vokalen a, e, i, o

Indicatif

Présent

je	vaincs
tu	vaincs
il	vainc
nous	vainquons
vous	vainquez
ils	vainquent

Passé composé

j'	ai	vaincu
tu	as	vaincu
il	a	vaincu
nous	avons	vaincu
vous	avez	vaincu
ils	ont	vaincu

Imparfait

je	vainquais
tu	vainquais
il	vainquait
nous	vainquions
vous	vainquiez
ils	vainquaient

Plus-que-parfait

j'	avais	vaincu
tu	avais	vaincu
il	avait	vaincu
nous	avions	vaincu
vous	aviez	vaincu
ils	avaient	vaincu

Passé simple

je	vainquis
tu	vainquis
il	vainquit
nous	vainquîmes
vous	vainquîtes
ils	vainquirent

Passé antérieur

j'	eus	vaincu
tu	eus	vaincu
il	eut	vaincu
nous	eûmes	vaincu
vous	eûtes	vaincu
ils	eurent	vaincu

Futur simple

je	vaincrai
tu	vaincras
il	vaincra
nous	vaincrons
vous	vaincrez
ils	vaincront

Futur antérieur

j'	aurai	vaincu
tu	auras	vaincu
il	aura	vaincu
nous	aurons	vaincu
vous	aurez	vaincu
ils	auront	vaincu

Conditionnel

Présent

je	vaincrais
tu	vaincrais
il	vaincrait
nous	vaincrions
vous	vaincriez
ils	vaincraient

Passé

j'	aurais	vaincu
tu	aurais	vaincu
il	aurait	vaincu
nous	aurions	vaincu
vous	auriez	vaincu
ils	auraient	vaincu

Subjonctif

Présent

que je	vainque
que tu	vainques
qu' il	vainque
que nous	vainquions
que vous	vainquiez
qu' ils	vainquent

Imparfait

que je	vainquisse
que tu	vainquisses
qu' il	vainquît
que nous	vainquissions
que vous	vainquissiez
qu' ils	vainquissent

Passé

que j'	aie	vaincu
que tu	aies	vaincu
qu' il	ait	vaincu
que nous	ayons	vaincu
que vous	ayez	vaincu
qu' ils	aient	vaincu

Plus-que-parfait

que j'	eusse	vaincu
que tu	eusses	vaincu
qu' il	eût	vaincu
que nous	eussions	vaincu
que vous	eussiez	vaincu
qu' ils	eussent	vaincu

Participe

Présent

vainquant

Passé

vaincu(e)

Gérondif

en vainquant

Impératif

vaincs
vainquons
vainquez

Infinitif passé

avoir vaincu

Anwendungsbeispiele

Ils **ont vaincu** l'ennemi. *Sie* ***haben*** *den Feind* ***besiegt.***
Ce pays **a été vaincu à** la dernière guerre. *Dieses Land* ***wurde im*** *letzten Krieg* ***besiegt.***
C'est l'athlète italien qui **a vaincu au** 100 mètres. *Der italienische Wettkämpfer* ***hat den*** *100-Meter-Lauf* ***gewonnen.***

Redewendungen

vaincre sa timidité *seine Schüchternheit überwinden*
vaincre la misère *die Armut beseitigen/besiegen*
vaincre des difficultés *Schwierigkeiten meistern*
vaincre sa mauvaise fortune *sein Unglück überwinden*

Ähnliche Verben

battre *schlagen*
écraser *vernichten/niederschlagen*
triompher *besiegen*
dominer *beherrschen/überwinden*
surmonter *überwinden*
résoudre *lösen/beseitigen*
convaincre *überzeugen*

Aufgepasst!

Das Verb vaincre hat keine Endung in der 3. Person Singular im Indicatif présent:
Il vain**c** tous les obstacles. Er ***überwindet*** alle Hindernisse.

Merken Sie sich die Form vainqu- vor den Vokalen a, e, i, o:
je **vainqu**ais *ich* ***besiegte***
elle **vainqu**it *sie* ***besiegte***
nous **vainqu**ons *wir* ***besiegen***
Dies gilt aber nicht für das Participe passé auf -u: vaincu.

Tipps & Tricks

Das Verb convaincre *überzeugen* hat das gleiche Konjugationsmuster (▶ Alphabetische Verbliste).

Anmerkungen:

66 valoir *wert sein*

Indicatif

Présent

je	vaux
tu	vaux
il	vaut
nous	valons
vous	valez
ils	valent

Passé composé

j'	ai	valu
tu	as	valu
il	a	valu
nous	avons	valu
vous	avez	valu
ils	ont	valu

Imparfait

je	valais
tu	valais
il	valait
nous	valions
vous	valiez
ils	valaient

Plus-que-parfait

j'	avais	valu
tu	avais	valu
il	avait	valu
nous	avions	valu
vous	aviez	valu
ils	avaient	valu

Passé simple

je	valus
tu	valus
il	valut
nous	valûmes
vous	valûtes
ils	valurent

Passé antérieur

j'	eus	valu
tu	eus	valu
il	eut	valu
nous	eûmes	valu
vous	eûtes	valu
ils	eurent	valu

Futur simple

je	vaudrai
tu	vaudras
il	vaudra
nous	vaudrons
vous	vaudrez
ils	vaudront

Futur antérieur

j'	aurai	valu
tu	auras	valu
il	aura	valu
nous	aurons	valu
vous	aurez	valu
ils	auront	valu

Conditionnel

Présent

je	vaudrais
tu	vaudrais
il	vaudrait
nous	vaudrions
vous	vaudriez
ils	vaudraient

Passé

j'	aurais	valu
tu	aurais	valu
il	aurait	valu
nous	aurions	valu
vous	auriez	valu
ils	auraient	valu

Subjonctif

Présent

que je	vaille
que tu	vailles
qu' il	vaille
que nous	valions
que vous	valiez
qu' ils	vaillent

Imparfait

que je	valusse
que tu	valusses
qu' il	valût
que nous	valussions
que vous	valussiez
qu' ils	valussent

Passé

que j'	aie	valu
que tu	aies	valu
qu' il	ait	valu
que nous	ayons	valu
que vous	ayez	valu
qu' ils	aient	valu

Plus-que-parfait

que j'	eusse	valu
que tu	eusses	valu
qu' il	eût	valu
que nous	eussions	valu
que vous	eussiez	valu
qu' ils	eussent	valu

Participe

Présent

valant

Passé

valu(e)

Gérondif

en valant

Impératif

vaux
valons
valez

Infinitif passé

avoir valu

Anwendungsbeispiele

Combien **vaut** ce collier ? *Wie viel **kostet** diese Halskette?*
Ce tableau **vaut** très cher. *Dieses Gemälde **ist** sehr viel **wert**.*
Cet appareil ne **vaut** pas grand chose. *Dieses Gerät **taugt** nichts.*
Cela n'en **vaut** pas la peine. *Es **ist** der Mühe nicht **wert**.*
Les lois **valent pour** tout le monde. *Die Gesetze **gelten für** alle.*
Rien ne **vaut** une bonne baguette ! *Es **geht** nichts über ein gutes Baguette!*
Cette ville **vaut** le voyage. *Diese Stadt **ist** eine Reise **wert**.*
Il **vaudrait mieux** vérifier si c'est vrai. *Es **wäre besser**, zu prüfen, ob das stimmt.*
Ces deux voitures **se valent**. *Diese zwei Autos **sind gleichwertig**.*

Sprichwörter

Un tien **vaut** mieux que deux tu l'auras. *Lieber den Spatz in der Hand als die Taube auf dem Dach.*
Mieux **vaut** tenir que courir. *Es ist besser zu besitzen, als zu hoffen.*
Il **vaut** mieux prévenir que guérir. *Es ist besser zu agieren, als zu reagieren.*
Mieux **vaut** tard que jamais. *Besser spät als nie.*

Ähnliche Verben

coûter *kosten*
équivaloir *entsprechen*
égaler *gleichkommen*

Aufgepasst!

Beachten Sie die Endungen auf -x in der 1. und 2. Person Singular im Indicatif présent: je vau**x**, tu vau**x**.
Merken Sie sich ebenfalls die Stammänderungen vaud- im Futur simple und im Conditionnel présent sowie vaill- im Subjonctif présent:
Il **vaudrait** mieux rentrer. Es ***wäre besser***, nach Hause zu gehen.
Crois-tu que cela **vaille** le coup ? *Glaubst du, dass es **sich lohnt**?*

Tipps & Tricks

Das Verb équivaloir *entsprechen* wird ebenfalls nach diesem Konjugationsmuster konjugiert (▶ Alphabetische Verbliste). Jedoch ist sein Participe passé unveränderlich: équivalu.

Anmerkungen:

67 venir *kommen*

Vollverb und Modalverb

Indicatif

Présent

je	viens
tu	viens
il	vient
nous	venons
vous	venez
ils	viennent

Passé composé

je	suis	venu
tu	es	venu
il	est	venu
nous	sommes	venus
vous	êtes	venus
ils	sont	venus

Imparfait

je	venais
tu	venais
il	venait
nous	venions
vous	veniez
ils	venaient

Plus-que-parfait

j'	étais	venu
tu	étais	venu
il	était	venu
nous	étions	venus
vous	étiez	venus
ils	étaient	venus

Passé simple

je	vins
tu	vins
il	vint
nous	vînmes
vous	vîntes
ils	vinrent

Passé antérieur

je	fus	venu
tu	fus	venu
il	fut	venu
nous	fûmes	venus
vous	fûtes	venus
ils	furent	venus

Futur simple

je	viendrai
tu	viendras
il	viendra
nous	viendrons
vous	viendrez
ils	viendront

Futur antérieur

je	serai	venu
tu	seras	venu
il	sera	venu
nous	serons	venus
vous	serez	venus
ils	seront	venus

Conditionnel

Présent

je	viendrais
tu	viendrais
il	viendrait
nous	viendrions
vous	viendriez
ils	viendraient

Passé

je	serais	venu
tu	serais	venu
il	serait	venu
nous	serions	venus
vous	seriez	venus
ils	seraient	venus

Subjonctif

Présent

que je	vienne
que tu	viennes
qu' il	vienne
que nous	venions
que vous	veniez
qu' ils	viennent

Imparfait

que je	vinsse
que tu	vinsses
qu' il	vînt
que nous	vinssions
que vous	vinssiez
qu' ils	vinssent

Passé

que je	sois	venu
que tu	sois	venu
qu' il	soit	venu
que nous	soyons	venus
que vous	soyez	venus
qu' ils	soient	venus

Plus-que-parfait

que je	fusse	venu
que tu	fusses	venu
qu' il	fût	venu
que nous	fussions	venus
que vous	fussiez	venus
qu' ils	fussent	venus

Participe

Présent

venant

Passé

venu(e)

Gérondif

en venant

Impératif

viens
venons
venez

Infinitif passé

être venu

Anwendungsbeispiele

Nous **sommes venus par** le train. *Wir **sind mit** dem Zug **gekommen**.*
Tu **viens chez** moi ? ***Kommst** du **zu** mir?*
Les nuages **viennent de** l'ouest. *Die Wolken **kommen aus** dem Westen.*
Je **viens** juste **de** lui téléphoner. *Ich **habe** ihn **gerade** angerufen.*
Cette maison **me vient de** ma mère. *Ich **habe** dieses Haus **von** meiner Mutter **geerbt**.*
Une idée m'**est venue à** l'esprit. *Mir **ist** eine Idee **gekommen**.*
Où voulez-vous **en venir** ? *Was **beabsichtigen** Sie?*

Redewendungen

venir à pied/à vélo *zu Fuß/mit dem Fahrrad kommen*
venir en voiture/en avion/en train *mit dem Auto/mit dem Flugzeug/mit dem Zug kommen/fahren*
venir à point *gerade rechtzeitig kommen*
venir au monde *zur Welt kommen*
faire venir qn. *jdn. kommen lassen*

Ähnliche Verben

aller *gehen*
arriver *ankommen*
se déplacer *sich bewegen/fahren*
apparaître *erscheinen*
devenir *werden*
revenir *wiederkommen*
prévenir *warnen*
survenir *auftauchen/geschehen*
subvenir *für etw. aufkommen*

Gebrauch

Das Verb venir wird in den zusammengesetzten Zeiten mit dem Hilfsverb être konjugiert: nous **sommes venus** *wir **sind gekommen***.
Mit **venir** juste de + Infinitiv wird die unmittelbare Vergangenheit (Passé récent) ausgedrückt:
Elle **vient juste de** fermer la porte. *Sie **hat gerade** die Tür zugemacht.*

Tipps & Tricks

Die abgeleiteten Verben von venir werden genauso konjugiert (▶ Alphabetische Verbliste). Achtung: prévenir *warnen* und subvenir *für etw. aufkommen* werden in den zusammengesetzten Zeiten mit avoir gebildet!

Anmerkungen:

68 vivre *leben*

Indicatif

Présent

je	vis
tu	vis
il	vit
nous	vivons
vous	vivez
ils	vivent

Passé composé

j'	ai	vécu
tu	as	vécu
il	a	vécu
nous	avons	vécu
vous	avez	vécu
ils	ont	vécu

Imparfait

je	vivais
tu	vivais
il	vivait
nous	vivions
vous	viviez
ils	vivaient

Plus-que-parfait

j'	avais	vécu
tu	avais	vécu
il	avait	vécu
nous	avions	vécu
vous	aviez	vécu
ils	avaient	vécu

Passé simple

je	vécus
tu	vécus
il	vécut
nous	vécûmes
vous	vécûtes
ils	vécurent

Passé antérieur

j'	eus	vécu
tu	eus	vécu
il	eut	vécu
nous	eûmes	vécu
vous	eûtes	vécu
ils	eurent	vécu

Futur simple

je	vivrai
tu	vivras
il	vivra
nous	vivrons
vous	vivrez
ils	vivront

Futur antérieur

j'	aurai	vécu
tu	auras	vécu
il	aura	vécu
nous	aurons	vécu
vous	aurez	vécu
ils	auront	vécu

Conditionnel

Présent

je	vivrais
tu	vivrais
il	vivrait
nous	vivrions
vous	vivriez
ils	vivraient

Passé

j'	aurais	vécu
tu	aurais	vécu
il	aurait	vécu
nous	aurions	vécu
vous	auriez	vécu
ils	auraient	vécu

Subjonctif

Présent

que je	vive
que tu	vives
qu' il	vive
que nous	vivions
que vous	viviez
qu' ils	vivent

Imparfait

que je	vécusse
que tu	vécusses
qu' il	vécût
que nous	vécussions
que vous	vécussiez
qu' ils	vécussent

Passé

que j'	aie	vécu
que tu	aies	vécu
qu' il	ait	vécu
que nous	ayons	vécu
que vous	ayez	vécu
qu' ils	aient	vécu

Plus-que-parfait

que j'	eusse	vécu
que tu	eusses	vécu
qu' il	eût	vécu
que nous	eussions	vécu
que vous	eussiez	vécu
qu' ils	eussent	vécu

Participe

Présent

vivant

Passé

vécu(e)

Gérondif

en vivant

Impératif

vis
vivons
vivez

Infinitif passé

avoir vécu

Anwendungsbeispiele

Nous **vivons au** Brésil depuis cinq ans. *Wir **leben** seit fünf Jahren **in** Brasilien.*
Elle **vit chez** sa mère. *Sie **lebt bei** ihrer Mutter.*
Je **vis de** mon salaire. *Ich **lebe von** meinem Gehalt.*
Il ne **vit** plus. *Er **findet keine Ruhe** mehr./Er **ist** nicht mehr **am Leben**.*
Il **vit pour** son métier. *Er **lebt für** seinen Beruf.*
Vive la reine ! *Es **lebe** die Königin!*
Cet homme-là sait **vivre**. *Dieser Mann versteht es zu **leben**.*
Elle **a vécu** la deuxième guerre mondiale. *Sie **hat** den Zweiten Weltkrieg **erlebt**.*

Redewendungen

être facile/difficile à vivre *ein pflegeleichter/schwieriger Mensch sein*
vivre seul *allein leben*
vivre dans l'angoisse *in Angst leben*
vivre d'amour et d'eau fraîche *nicht viel zum Leben haben*
vivre au jour le jour *von der Hand in den Mund leben*

Andere Verben

mourir *sterben*
rendre l'âme *sterben*
disparaître *sterben/verschwinden*

Aufgepasst!

Beachten Sie bitte die Stammänderungen bei vivre in verschiedenen Formen, wie beispielsweise bei je **vis** *ich **lebe*** oder elle **vécut** *sie **lebte***.

Anders als mourir *sterben* und naître *geboren werden* bildet vivre die zusammengesetzten Zeiten mit avoir:
Ils **avaient vécu** à Paris. *Sie **hatten** in Paris **gelebt**.*

Tipps & Tricks

Die Verben revivre *wieder leben* und survivre *überleben* folgen dem gleichen Konjugationsmuster (▶ Alphabetische Verbliste). Das Participe passé von survivre ist jedoch unveränderlich: survécu.

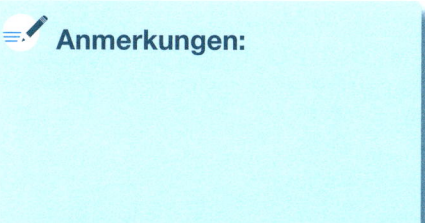

Anmerkungen:

69 voir *sehen*

Indicatif

Présent
je	vois
tu	vois
il	voit
nous	voyons
vous	voyez
ils	voient

Passé composé
j'	ai	vu
tu	as	vu
il	a	vu
nous	avons	vu
vous	avez	vu
ils	ont	vu

Imparfait
je	voyais
tu	voyais
il	voyait
nous	voyions
vous	voyiez
ils	voyaient

Plus-que-parfait
j'	avais	vu
tu	avais	vu
il	avait	vu
nous	avions	vu
vous	aviez	vu
ils	avaient	vu

Passé simple
je	vis
tu	vis
il	vit
nous	vîmes
vous	vîtes
ils	virent

Passé antérieur
j'	eus	vu
tu	eus	vu
il	eut	vu
nous	eûmes	vu
vous	eûtes	vu
ils	eurent	vu

Futur simple
je	verrai
tu	verras
il	verra
nous	verrons
vous	verrez
ils	verront

Futur antérieur
j'	aurai	vu
tu	auras	vu
il	aura	vu
nous	aurons	vu
vous	aurez	vu
ils	auront	vu

Conditionnel

Présent
je	verrais
tu	verrais
il	verrait
nous	verrions
vous	verriez
ils	verraient

Passé
j'	aurais	vu
tu	aurais	vu
il	aurait	vu
nous	aurions	vu
vous	auriez	vu
ils	auraient	vu

Subjonctif

Présent
que je	voie
que tu	voies
qu' il	voie
que nous	voyions
que vous	voyiez
qu' ils	voient

Imparfait
que je	visse
que tu	visses
qu' il	vît
que nous	vissions
que vous	vissiez
qu' ils	vissent

Passé
que j'	aie	vu
que tu	aies	vu
qu' il	ait	vu
que nous	ayons	vu
que vous	ayez	vu
qu' ils	aient	vu

Plus-que-parfait
que j'	eusse	vu
que tu	eusses	vu
qu' il	eût	vu
que nous	eussions	vu
que vous	eussiez	vu
qu' ils	eussent	vu

Participe

Présent
voyant

Passé
vu(e)

Gérondif
en voyant

Impératif
vois
voyons
voyez

Infinitif passé
avoir vu

Anwendungsbeispiele

J'**ai vu** un écureuil dans le jardin. *Ich **habe** ein Eichhörnchen im Garten **gesehen**.*
Nous aimerions bien **voir** ce film. *Wir würden gern diesen Film **ansehen**.*
On **verra** bien le résultat. *Wir **werden** schon **sehen**, was dabei herauskommt.*
A toi de **voir**. *Es **liegt** bei dir.*
Je ne le **vois** plus. *Ich **habe** mit ihm **Schluss gemacht**.*
Il **s'**est **vu** dans l'obligation de l'inviter. *Er **sah sich** dazu verpflichtet, sie einzuladen.*
Ils **se voient** souvent. *Sie **sehen sich** oft.*
Je l'**ai vu** hier. *Ich **habe** ihn gestern **getroffen**.*
Cela n'a rien à **voir avec** lui. *Das **hat** nichts **mit** ihm **zu tun**.*

Witz

Un gendarme fait stopper un automobiliste et lui demande : « Vous n'**aviez** pas **vu** le feu rouge ? »
Ce dernier répond : « Si, c'est vous que je n'**avais** pas **vu** ! »

Ähnliche Verben

apercevoir *flüchtig sehen*
distinguer *erkennen*
regarder *sehen/schauen*
fréquenter *befreundet sein*
observer *beobachten*
percevoir *wahrnehmen*
revoir *wiedersehen*
entrevoir *nur flüchtig sehen*

Aufgepasst!

Merken Sie sich bitte die Stammänderung auf voy- in der 1. und 2. Person Plural im Indicatif présent und im Imparfait, wie beispielsweise bei nous **voy**ons *wir **sehen*** oder vous **voy**iez *Sie **sahen***.
Im Futur simple und im Conditionnel présent verändert sich der Stamm zu ver-, z. B.: je **ver**rai *ich **werde sehen*** oder ils **ver**raient *sie **würden sehen***.

Tipps & Tricks

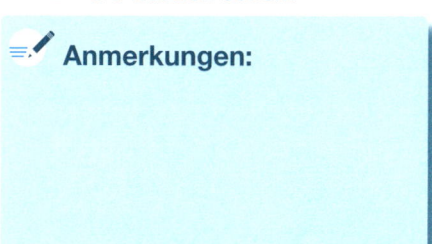

Die Verben entrevoir *flüchtig sehen* und revoir *wiedersehen* werden nach dem gleichen Konjugationsmuster konjugiert (▶ Alphabetische Verbliste).

Anmerkungen:

70 vouloir *wollen*

Indicatif

Présent

je	veux
tu	veux
il	veut
nous	voulons
vous	voulez
ils	veulent

Passé composé

j'	ai	voulu
tu	as	voulu
il	a	voulu
nous	avons	voulu
vous	avez	voulu
ils	ont	voulu

Imparfait

je	voulais
tu	voulais
il	voulait
nous	voulions
vous	vouliez
ils	voulaient

Plus-que-parfait

j'	avais	voulu
tu	avais	voulu
il	avait	voulu
nous	avions	voulu
vous	aviez	voulu
ils	avaient	voulu

Passé simple

je	voulus
tu	voulus
il	voulut
nous	voulûmes
vous	voulûtes
ils	voulurent

Passé antérieur

j'	eus	voulu
tu	eus	voulu
il	eut	voulu
nous	eûmes	voulu
vous	eûtes	voulu
ils	eurent	voulu

Futur simple

je	voudrai
tu	voudras
il	voudra
nous	voudrons
vous	voudrez
ils	voudront

Futur antérieur

j'	aurai	voulu
tu	auras	voulu
il	aura	voulu
nous	aurons	voulu
vous	aurez	voulu
ils	auront	voulu

Conditionnel

Présent

je	voudrais
tu	voudrais
il	voudrait
nous	voudrions
vous	voudriez
ils	voudraient

Passé

j'	aurais	voulu
tu	aurais	voulu
il	aurait	voulu
nous	aurions	voulu
vous	auriez	voulu
ils	auraient	voulu

Subjonctif

Présent

que je	veuille
que tu	veuilles
qu' il	veuille
que nous	voulions
que vous	vouliez
qu' ils	veuillent

Imparfait

que je	voulusse
que tu	voulusses
qu' il	voulût
que nous	voulussions
que vous	voulussiez
qu' ils	voulussent

Passé

que j'	aie	voulu
que tu	aies	voulu
qu' il	ait	voulu
que nous	ayons	voulu
que vous	ayez	voulu
qu' ils	aient	voulu

Plus-que-parfait

que j'	eusse	voulu
que tu	eusses	voulu
qu' il	eût	voulu
que nous	eussions	voulu
que vous	eussiez	voulu
qu' ils	eussent	voulu

Participe

Présent

voulant

Passé

voulu(e)

Gérondif

en voulant

Impératif

veux/veuille
voulons/veuillons
voulez/veuillez

Infinitif passé

avoir voulu

Anwendungsbeispiele

Elle **veut bien** te rendre service. *Sie **tut** dir **gern** einen Gefallen.*
Il **voudrait** un verre d'eau. *Er **möchte** ein Glas Wasser.*
Je te l'achète, si tu **veux**. *Ich kaufe es dir, wenn du **willst**.*
Il **veut** que nous partions tout de suite. *Er **will**, dass wir sofort gehen.*
Comment **veux**-tu que je le sache ? *Woher **soll** ich das wissen?*
Veuillez signer ici, s'il vous plaît. ***Bitte** unterschreiben Sie hier.*
Je **m'en veux** beaucoup. *Es **tut mir** so **leid**.*
Elle **en veut**. *Sie **ist ehrgeizig**.*
Elle m'**en veut**. *Sie **nimmt** es mir **übel**.*

Sprichwörter

Vouloir, c'est pouvoir. *Wo ein Wille ist, ist ein Weg.*
Vouloir le beurre et l'argent du beurre. *Man kann nicht alles haben.*
A **vouloir** trop courir on trébuche. *Wenn man zu viel will, erreicht man nichts.*

Ähnliche Verben

désirer *wünschen*
ordonner *befehlen*
exiger *verlangen*
demander *fragen/bitten*

Gebrauch

Im Impératif gibt es zwei Formen. Die Formen veuille/veuillons/veuillez werden zum Ausdruck der Höflichkeit verwendet:
Veuillez trouver ci-joint ... *Anbei erhalten Sie ...*

Merken Sie sich bitte, dass vouloir que den Subjonctif nach sich zieht:
Je **veux/voudrais que** vous **veniez**. *Ich **will**, dass Sie **kommen**.*
Elle **veut qu'**il **fasse** ses devoirs. *Sie **möchte**, dass er seine Hausaufgaben **macht**.*

Anmerkungen:

Verben mit Präposition

Eine Reihe französischer Verben wird mit einer bestimmten Präposition benutzt. Es handelt sich in den meisten Fällen um die Präpositionen à oder de. Einige Verben ziehen immer dieselbe Präposition nach sich, andere werden hingegen in Verbindung mit verschiedenen Präpositionen verwendet. Im Folgenden haben wir für Sie die geläufigsten französischen Verben mit Präposition aufgelistet.

▸ aller **à** (un endroit) — Je vais à la boulangerie.
gehen zu (Ort) — *Ich gehe zur Bäckerei.*

aller **en** qc. — Je vais travailler en train.
mit etw. fahren — *Ich fahre mit dem Zug in die Arbeit.*

appartenir **à** qn./qc. — Ce jouet appartient à Paul.
zu jdm./etw. gehören — *Dieses Spielzeug gehört Paul.*

arrêter **de** faire qc. — Quand vas-tu arrêter de fumer ?
aufhören, etw. zu tun — *Wann wirst du aufhören zu rauchen?*

assister **à** qc. — Nous avons assisté au défilé du 14 juillet.
bei etw. dabei sein — *Wir waren bei der Parade zum 14. Juli dabei.*

▸ changer **de** qc. — Il a changé de travail.
etw. ändern/wechseln — *Er hat seine Arbeit gewechselt.*

commencer **à/de** faire qc. — Je commence à faire mes valises.
anfangen, etw. zu tun — *Ich fange an, meine Koffer zu packen.*

commencer **par** qc. — Nous avons commencé par un apéritif.
mit etw. beginnen — *Wir haben mit einem Aperitif begonnen.*

compter **sur** qn./qc. — Je compte sur toi.
sich auf jdn./etw. verlassen — *Ich verlasse mich auf dich.*

se consacrer **à** qc. — Elle se consacre aux enfants.
sich etw. widmen — *Sie widmet sich den Kindern.*

contribuer **à** qc. — Vous contribuez au succès de l'entreprise.
beitragen zu etw. — *Sie tragen zum Erfolg des Unternehmens bei.*

convenir **de** faire qc. — Ils ont convenu de réduire les frais.
vereinbaren, etw. zu tun — *Sie haben vereinbart, die Kosten zu senken.*

croire **à/en** qc. — La police croit à/en son innocence.
an etw. glauben — *Die Polizei glaubt an seine Unschuld.*

croire **en** qn. *an jdn. glauben*	Elle croit en Dieu. *Sie glaubt an Gott.*
▸ demander **à** qn. *jdn. fragen*	Demande à tes parents. *Frag deine Eltern.*
dépendre **de** qn./qc. *von jdm./etw. abhängen*	Sa décision dépend de toi. *Seine Entscheidung hängt von dir ab.*
discuter **de** qc. *über etw. sprechen*	De quoi avez-vous discuté ? *Worüber habt ihr gesprochen?*
douter **de** qn./qc. *an jdm./etw. zweifeln*	Elle doute de son talent. *Sie zweifelt an ihrer Begabung.*
▸ écrire **à** qn. *jdm. schreiben*	Il faut écrire à ton père ! *Du musst deinem Vater schreiben!*
s'enquérir **de** qc. *sich nach etw. erkundigen*	Il s'est enquis de ta santé. *Er hat sich nach deiner Gesundheit erkundigt.*
expliquer qc. **à** qn. *jdm. etw. erklären*	Explique-lui comment faire. *Erkläre ihm, wie man das macht.*
▸ habiter **à/en** (un endroit) *wohnen in (Ort)*	Ma sœur habite à Rennes en Bretagne. *Meine Schwester wohnt in Rennes in der Bretagne.*
▸ insister **sur** qc. *auf etw. bestehen*	J'insiste sur ce point. *Ich bestehe auf diesen Punkt.*
▸ jouer **à** qc. *etw. spielen*	Nous jouons aux échecs. *Wir spielen Schach.*
jouer **de** qc. *etw. spielen (Musikinstrument)*	Elle joue de la flûte. *Sie spielt Flöte.*
▸ manquer **de** qc. *etw. nicht (genügend) haben*	Cette pièce manque de lumière. *Dieser Raum hat nicht genügend Licht.*
▸ offrir qc. **à** qn. *jdm. etw. schenken*	Il a offert des fleurs à sa femme. *Er hat seiner Frau Blumen geschenkt.*
▸ parler **à** qn. *jdn./mit jdm. sprechen*	Parle-lui ! *Sprich mit ihm!*
parler **de** qn./qc. *über jdn./etw sprechen*	Ils ont parlé de politique. *Sie haben über Politik gesprochen.*

participier **à** qc.	Il participe au spectacle.
an etw. teilnehmen	*Er nimmt an der Aufführung teil.*
penser **à** qn./qc.	Je pense à toi.
an jdn./etw. denken	*Ich denke an dich.*
se plaindre **auprès de** qn.	Je vais me plaindre auprès du consulat.
sich bei jdm. beschweren	*Ich werde mich beim Konsulat beschweren.*
prêter qc. **à** qn.	Tu prêtes ton livre à Isabelle ?
jdm. etw. leihen	*Leihst du Isabelle dein Buch?*
provenir **de** qn./qc.	Cette statue provient d'Inde.
kommen aus/von (Ort)	*Diese Statue kommt aus Indien.*
▸ raconter qc. **à** qn.	Elle aime raconter des histoires aux enfants.
jdm. etw. erzählen	*Sie erzählt den Kindern gerne Geschichten.*
recourir **à** qc.	Les manifestants ont recouru à la violence.
auf etw. zurückgreifen	*Die Demonstranten haben auf Gewalt zurückgegriffen.*
renoncer **à** qn./qc.	Il a renoncé à ses vacances.
auf jdn./etw. verzichten	*Er hat auf den Urlaub verzichtet.*
réussir **à** faire qc.	Ils ont réussi à ouvrir la porte.
gelingen, etw. zu tun	*Es ist ihnen gelungen, die Tür zu öffnen.*
rêver **de** qc.	J'ai rêvé de la mer.
von etw. träumen	*Ich habe vom Meer geträumt.*
▸ servir **à** qc	A quoi ça sert ?
zu etw. dienen	*Wozu dient das?*
s'intéresser **à** qn./qc.	Je m'intéresse à la peinture.
sich für jdn./etw. interessieren	*Ich interessiere mich für die Malerei.*
s'occuper **de** qn./qc.	Il s'occupe du jardin.
sich um jdn./etw. kümmern	*Er kümmert sich um den Garten.*
souffrir **de** qc.	De quoi souffrez-vous ?
an etw. leiden	*An was leiden Sie?*
se souvenir **de** qc./qn.	Tu ne te souviens pas de moi ?
sich an etw./jdn. erinnern	*Erinnerst du dich nicht an mich?*
▸ téléphoner **à** qn.	Il a téléphoné au directeur
jdn. anrufen	*Er hat den Direktor angerufen.*

Alphabetische Verbliste Französisch – Deutsch

Hier haben wir für Sie die wichtigsten französischen Verben mit ihren entsprechenden deutschen Übersetzungen alphabetisch aufgelistet. Die rechts angeführten Nummern stellen Konjugationsnummern dar. Auf den Seiten der einzelnen Konjugationstabellen finden Sie diese Nummern wieder. Jene Verben, die hier im Folgenden den jeweiligen Konjugationsnummern zugewiesen sind, werden nach genau diesem Muster konjugiert. Falls der Gebrauch des Hilfsverbs vom Konjugationsmuster abweicht, ist dies wie folgt gekennzeichnet: (+ a) für den Gebrauch von avoir *haben*, (+ ê) für den Gebrauch von être *sein* oder (+ a/ê), wenn das Verb mit beiden Hilfsverben verwendet werden kann. Alle reflexiven Verben werden mit être *sein* konjugiert und erhalten keinen Hinweis auf das Hilfsverb. Manchen Verben sind auch zwei Konjugationsnummern zugeteilt. Die hervorgehobenen Verben sind als vollständige Konjugationstabellen, also als Muster, vorne im Buch abgedruckt.

A

abattre *fällen/töten* (17)
abolir *abschaffen* (6)
aboutir *führen (zu)* (6)
aboyer *bellen* (32)
abroger *aufheben* (44)
absoudre *vergeben* (60)
s'abstenir *verzichten* (67)
abstraire *abstrahieren* (35)
abuser *misstrauen* (5)
accéder *gelangen* (55)
accélérer *beschleunigen* (55)
accomplir *ausführen* (6)
accourir (+ a/ê) *angelaufen kommen* (7)
accroître *zunehmen* (26)
s'accroupir *in die Hocke gehen* (6)
accueillir *empfangen* (27)
acheter *kaufen* (10)
achever *vollenden* (10)
acquérir *erwerben* (11)
adjoindre *hinzufügen* (42)
admettre *einsehen* (45)
aérer *lüften* (55)
affermir *befestigen* (6)
afficher *aufhängen* (5)
affirmer *behaupten* (5)
affranchir *befreien* (6)
s'agenouiller *knien* (5)
agir *handeln* (6)
agiter *schütteln* (5)
agréer *bewilligen* (24)
aider *helfen* (5)
aimer *lieben/mögen* (5)
ajouter *hinzufügen* (5)
aller *gehen* (12)
allumer *einschalten* (5)
altérer *verändern* (55)
amener *mitbringen* (10)
amonceler *aufhäufen* (13)
amuser *amüsieren* (5)
anéantir *zerstören* (6)
animer *beleben* (5)
annoncer *ankündigen* (19)
apercevoir *bemerken* (58)
aplatir *flach machen* (6)
apparaître (+ ê) *erscheinen* (49)
appartenir (+ a) *gehören* (67)
appeler *rufen* (13)
applaudir *Beifall klatschen* (6)
appliquer *anwenden* (5)
apprendre *lernen* (56)
approcher *näherkommen* (5)
approuver *zustimmen* (5)
appuyer *drücken* (34)
armer *bewaffnen* (5)
arracher *abreißen* (5)
arranger *einrichten* (44)
arrêter *aufhören* (5)
arriver *ankommen* (5)
arroser *gießen* (5)
assaillir *angreifen* (14)
assassiner *ermorden* (5)
assembler *zusammenstellen* (5)
s'asseoir *sich hinsetzen* (3)
asservir *unterdrücken* (6)
s'assoupir *eindösen* (6)
assurer *versichern* (5)
astreindre *zwingen* (15)
attacher *befestigen* (5)
attaquer *angreifen* (5)

atteindre *erreichen* (15)
atteler *anspannen* (13)
attendre *warten* (16)
atterrir *landen* (6)
attirer *anziehen* (5)
attraper *fangen* (5)
avancer *vorstellen* (19)
avertir *warnen* (6)
avoir *haben* (1)
avouer *zugeben* (5)

B

baigner *baden* (5)
bailler *gähnen* (5)
baisser *senken* (5)
balancer *schaukeln* (19)
balayer *kehren* (51)
barrer *streichen* (5)
bâtir *bauen* (6)
battre *schlagen* (17)
bavarder *schwätzen* (5)
bégayer *stottern* (51)
bénir *segnen* (6)
bercer *wiegen* (19)
blesser *verletzen* (5)
boire *trinken* (18)
bondir *aufspringen* (6)
boucher *stopfen* (5)
bouder *schmollen* (5)
bouger *bewegen* (44)
bouleverser *tief bewegen* (5)
braire *iahen* (35)
briller *glänzen* (5)
broder *sticken* (5)
brosser *bürsten* (5)
brûler *verbrennen* (5)

C

cacher *verstecken* (5)
cacheter *versiegeln* (41)
calculer *rechnen* (5)
calmer *beruhigen* (5)
caqueter *gackern* (41)
caresser *streicheln* (5)
casser *brechen* (5)
céder *nachgeben* (55)
ceindre *umschnallen* (15)
célébrer *feiern* (55)
celer *verheimlichen* (10)
chanceler *schwanken/wanken* (13)
changer *ändern* (44)
charger *laden* (44)
chasser *jagen* (5)
chatoyer *schimmern* (32)
chauffer *heizen* (5)
chercher *suchen* (5)
choisir *wählen* (6)
choyer *verwöhnen* (32)
circoncire *beschneiden* (63)
circonscrire *abgrenzen* (31)
ciseler *ziselieren* (10)
citer *erwähnen* (5)
coiffer *frisieren* (5)
coincer *verklemmen* (19)
coller *kleben* (5)
combattre *bekämpfen* (17)
commander *bestellen/befehlen* (5)
commencer *beginnen* (19)
commettre *begehen* (45)
comparaître *erscheinen* (49)
comparer *vergleichen* (5)
se complaire *Gefallen finden* (52)
compléter *ergänzen* (55)
comprendre *verstehen* (56)
compromettre *gefährden/schaden* (45)
compter *zählen* (5)
concevoir *planen* (58)
conclure *abschließen* (20)
concourir *beitragen* (7)
condamner *beurteilen* (5)
conférer *verleihen* (55)
confirmer *bestätigen* (5)
connaître *kennen* (49)
conquérir *erobern* (11)
consacrer *widmen* (5)
conseiller *beraten* (5)
consentir (+ a) *zustimmen* (50)
considérer *betrachten* (55)
construire *bauen* (21)
contenir (+ a) *enthalten* (67)
continuer *weitermachen* (5)
contraindre *zwingen* (23)
contredire *widersprechen* (29)
contrefaire *fälschen* (36)
convaincre *überzeugen* (65)
convenir (+ a) *vereinbaren* (67)
converger *zusammenlaufen* (44)
correspondre *übereinstimmen* (16)/(59)
corrompre *bestechen* (8)
se coucher *ins Bett gehen* (5)
coudre *nähen* (22)
couler *fließen* (5)
courir *laufen* (7)
coûter *kosten* (5)
couvrir *decken* (48)
craindre *fürchten* (23)
créer *schaffen* (24)
creuser *graben* (5)
crocheter *häkeln* (10)
croire *glauben* (25)
croiser *kreuzen* (5)
croître *wachsen* (26)
cueillir *pflücken* (27)
cuire *kochen* (21)

D

danser *tanzen* 5
débattre *diskutieren* 17
déblayer *freilegen* 51
déceler *enthüllen* 10
décevoir *enttäuschen* 58
déchiqueter *zerfetzen* 41
déchirer *zerreißen* 5
décider *entscheiden* 5
découdre *abtrennen* 22
découper *zerschneiden* 5
décourager *entmutigen* 44
découvrir *entdecken* 48
décrire *beschreiben* 31
décroître *abnehmen* 26
dédommager *entschädigen* 44
déduire *folgern/abziehen* 21
défaillir *ohnmächtig werden* 14
défaire *auf-/abmachen* 36
défendre *verteidigen* 16/59
définir *definieren* 6
dégeler *auftauen* 10
dégénérer *degenerieren* 55
déjeuner *zu Mittag essen* 5
délayer *verdünnen* 51
déléguer *delegieren* 55
demander *fragen* 5
déménager *umziehen* 44
démordre *beharren* 16/59
dénoncer *anzeigen* 19
dépeindre *beschreiben* 15
dépendre *abhängen* 16/59
dépenser *ausgeben* 5
déplaire *missfallen* 52
déployer *ausbreiten/verwenden* 32
déposséder *enteignen* 55
déranger *stören* 44
descendre (+ a/ê) *heruntergehen* 16/59
déshabiller *ausziehen* 5
désobéir *nicht gehorchen* 6
desservir *abräumen* 62
dessiner *zeichnen* 5
déteindre *entfärben* 15
détendre *entspannen* 16/59
détenir (+ a) *besitzen* 67
détester *hassen* 5
détruire *zerstören* 21
devancer *vorausgehen* 19
devenir *werden* 67
devoir *müssen* 28
dîner *zu Abend essen* 5
dire *sagen* 29
discourir *eine lange Rede halten* 7
discuter *besprechen* 5
disjoindre *auseinander-nehmen* 42
disparaître (+ a/ê) *verschwinden* 49
dissoudre *auflösen* 60
distraire *unterhalten* 35
diverger *abweichen* 44
donner *geben* 5
dormir *schlafen* 30
durcir *hart machen* 6
durer *dauern* 5

E

s'ébattre *herumtollen* 17
écarteler *vierteilen* 10
éclaircir *aufhellen* 6
écouter *zuhören* 5
écrémer *entrahmen* 55
écrire *schreiben* 31
effrayer *erschrecken* 51
égoutter *abtropfen* 5
élancer *stechen* 19
élever *erziehen/errichten* 10
élire *wählen* 43
embrasser *küssen* 5
émettre *ausstrahlen* 45
emmener *mitnehmen* 10
empêcher *verhindern* 5
employer *beschäftigen/verwenden* 32
emporter *mitnehmen* 5
empreindre *einprägen* 15
encourager *ermutigen* 44
encourir *sich aussetzen* 7
endormir *einschlafen* 30
enduire *bestreichen* 21
énerver *nerven* 5
enfermer *einsperren* 5
enfreindre *verstoßen* 15
s'enfuir *fliehen* 39
enjoindre *befehlen* 42
enlever *entfernen* 10
ennuyer *langweilen* 34
s'enquérir *sich erkundigen* 11
s'enrichir *reich werden* 6
ensevelir *begraben* 6
ensorceler *verzaubern* 13
entendre *hören* 16/59
enterrer *beerdigen* 5
entreprendre *unter-nehmen* 56
entrer (+ a/ê) *eintreten* 5
entretenir (+ a) *unter-halten* 67
entrevoir *flüchtig sehen* 69
entrouvrir *einen Spalt aufmachen* 48
énumérer *aufzählen* 55
envahir *überfallen* 6
envoyer *senden* 33
s'épanouir *sich entfalten* 6

épeler *buchstabieren* 13
épouser *heiraten* 5
épousseter *abstauben* 41
s'éprendre *sich verlieben* 56
équivaloir *entsprechen* 66
espérer *hoffen* 55
essayer *versuchen* 51
essuyer *trocknen* 34
étayer *stützen* 51
éteindre *ausschalten* 15
étendre *ausstrecken* 16/59
éternuer *niesen* 5
étinceler *funkeln* 13
étonner *erstaunen* 5
être *sein* 2
être présenté *vorgestellt werden* 4
étreindre *umarmen* 15
s'évanouir *ohnmächtig werden* 6
évincer *ausschließen* 19
excéder *überschreiten* 55
exclure *ausschließen* 20
excuser *entschuldigen* 5
exiger *fordern* 44
exister *leben* 5
exonérer *befreien (Steuer)* 55
explorer *erkunden* 5
exploser *explodieren* 5
exporter *exportieren* 5
expulser *abschieben* 5
extraire *herausholen/gewinnen* 35

F

fabriquer *bauen* 5
faiblir *schwächer werden* 6
faillir *beinahe tun* 37
faire *tun/machen* 36
falloir *nötig sein* 38
farcir *füllen* 6
feindre *heucheln/so tun als ob* 15
fermer *schließen* 5
feuilleter *durchblättern* 41
ficeler *zuschnüren* 13
figer *erstarren* 44
fileter *mit Gewinde versehen* 10
financer *finanzieren* 19
finir *beenden* 6
foncer *rasen* 19
fonder *gründen* 5
fondre *schmelzen* 16/59
forcer *zwingen* 19
foudroyer *vom Blitz treffen* 32
fournir *liefern* 6
frapper *schlagen/klopfen* 5
frayer *bahnen* 51
frire *braten* 63
fuir *fliehen* 39
fureter *herumschnüffeln* 10

G

gagner *gewinnen* 5
garder *behalten* 5
geindre *stöhnen* 15
geler *frieren* 10
gonfler *aufblasen* 5
goûter *probieren* 5
grandir *größer werden* 6
gratter *kratzen* 5
gravir *klettern* 6
grillager *vergittern* 44
grommeler *murren* 13
gronder *schimpfen* 5
grossir *zunehmen* 6
guider *führen* 5

H

habiller *anziehen* 5
habiter *wohnen* 5
haïr *hassen* 40
haleter *schnaufen* 10
héberger *beherbergen* 44
hurler *schreien* 5

I

imaginer *sich vorstellen* 5
imiter *nachahmen* 5
imposer *durchsetzen* 5
imprimer *drucken* 5
incinérer *verbrennen* 55
incliner *beugen* 5
inclure *einschließen* 20
inculper *beschuldigen* 5
indemniser *entschädigen* 5
indiquer *angeben* 5
induire *treiben (zu)* 21
influencer *beeinflussen* 19
inhaler *einatmen* 5
initier *vertraut machen* 5
inscrire *anmelden* 31
installer *einrichten* 5
instaurer *einführen* 5
instruire *unterrichten* 21
insulter *beschimpfen* 5
intégrer *integrieren* 55
interdire *verbieten* 29
intéresser *interessieren* 5
interroger *befragen* 44
interrompre *unterbrechen* 8
intervenir *eingreifen* 67
introduire *einführen/einleiten* 21
inviter *einladen* 5

J

jeter *werfen* 41
jeûner *fasten* 5
joindre *verbinden* 42
jouer *spielen* 5
jouir *genießen* 6
jumeler *zusammenfügen* 13

K

klaxonner *hupen* 5

L

laisser *lassen* 5
lancer *werfen* 19
laver *waschen* 5
lever *heben* 10
libérer *befreien* 55
lire *lesen* 43
livrer *liefern* 5
loger *wohnen/unterbringen* 44
loucher *schielen* 5
luire *leuchten* 21
lutter *kämpfen* 5

M

maigrir *abnehmen* 6
maintenir (+ a) *aufrechterhalten* 67
manger *essen* 44
marcher *laufen* 5
se marier *heiraten* 5
marteler *hämmern* 10
maugréer *schimpfen* 24
méconnaître *verkennen* 49
médire *lästern* 29
mélanger *mischen* 44
mêler *mischen* 5
mener *führen* 10
mentir (+ a) *lügen* 50
se méprendre *sich täuschen* 56
mériter *verdienen* 5
mesurer *messen* 5
mettre *legen/setzen/stellen* 45
modeler *modellieren* 10
moderniser *modernisieren* 5
monter (+ a/ê) *hinaufsteigen* 5
montrer *zeigen* 5
mordre *beißen* 16/59
mourir *sterben* 46
mousser *schäumen* 5
mugir *muhen* 6

N

nager *schwimmen* 44
naître *geboren werden* 47
neiger *schneien* 44
nettoyer *reinigen* 32
niveler *einebnen* 13
nommer *nennen* 5
noter *notieren* 5
nouer *knoten* 5
nourrir *ernähren* 6
nuire *schaden* 21

O

obéir *gehorchen* 6
obliger *zwingen* 44
obtenir (+ a) *erhalten* 67
octroyer *gewähren* 32
offrir *schenken* 48
omettre *unterlassen* 45
opérer *operieren* 55
opposer *gegenüberlegen/-setzen* 5
oppresser *bedrücken* 5
ordonner *befehlen* 5
organiser *organisieren* 5
oser *wagen* 5
ouvrir *öffnen* 48

P

paraître *scheinen* 49
parcourir *durchlaufen* 7
parfumer *parfümieren* 5
parler *sprechen* 5
partager *teilen* 44
participer *teilnehmen* 5
partir *weggehen* 50
parvenir *gelangen* 67
passer (+ a/ê) *vorbeigehen* 5
patienter *gedulden* 5
payer *bezahlen* 51
pêcher *fischen* 5
pédaler *radeln* 5
peindre *malen* 15
peler *schälen* 10
pencher *neigen* 5
pendre *hängen* 16/59
pénétrer *eindringen* 55
penser *denken* 5
percevoir *wahrnehmen* 58
perdre *verlieren* 16/59
permettre *erlauben* 45
persévérer *beharren* 55
persuader *überzeugen* 5
perturber *durcheinanderbringen* 5
peser *wiegen* 10
piger *kapieren* 44
pincer *kneifen* 19
placer *stellen* 19
plaindre *bedauern* 23
plaire *gefallen* 52
planter *pflanzen* 5
pleuvoir *regnen* 53
poindre *sprießen/anbrechen* 42
polluer *verschmutzen* 5
pondre *legen (Eier)* 16/59
porter *tragen* 5
poster *zur Post bringen* 5
poursuivre *verfolgen* 64
pousser *schieben* 5
pouvoir *können* 54
prédire *vorhersagen* 29
préférer *vorziehen* 55

prendre *nehmen* 56
préparer *vorbereiten* 5
présager *vorhersehen* 44
prescrire *verschreiben* 31
pressentir (+ a) *ahnen* 50
prévenir (+ a) *warnen* 67
prévoir *vorhersehen* 57
procréer *zeugen* 24
produire *erzeugen/herstellen* 21
projeter *vorhaben* 41
se promener *spazieren gehen* 10
promettre *versprechen* 45
prononcer *aussprechen* 19
proscrire *verbieten* 31
provenir *kommen (aus)* 67
puer *stinken* 5
punir *strafen* 6

Q

questionner *Fragen stellen* 5
quitter *verlassen* 5

R

rabattre *herunterklappen* 17
raccorder *verbinden* 5
racheter *zurückkaufen* 10
raconter *erzählen* 5
ralentir *verlangsamen* 6
ramer *rudern* 5
ranger *aufräumen* 44
râper *raspeln* 5
rappeler *erinnern* 13
raser *rasieren* 5
rassembler *versammeln* 5
se rasseoir *sich wieder hinsetzen* 3
rayer *kratzen* 51
réapparaître (+ a/ê) *wieder erscheinen* 49
reboire *wieder trinken* 18
recevoir *bekommen* 58
reconnaître *erkennen* 49
reconquérir *wiedererobern* 11
reconstruire *wieder aufbauen* 21
recoudre *wieder annähen* 22
recourir *zurückgreifen* 7
recouvrir *bedecken* 48
recréer *neu schaffen* 24
récrire *wieder schreiben* 31
recruter *einstellen* 5
recueillir *sammeln* 27
recuire *noch mal kochen* 21
récupérer *wiederverwerten* 55
redire *wieder sagen* 29
redouter *befürchten* 5
réduire *reduzieren* 21
réélire *wiederwählen* 43
refaire *wieder machen/tun* 36
refuser *ablehnen* 5
régénérer *regenerieren* 55
rejeter *zurückweisen* 41
rejoindre *einholen* 42
relayer *ablösen* 51
relire *wieder lesen* 43
remblayer *aufschütten* 51
remettre *wieder zurücklegen* 45
rencontrer *treffen* 5
rendormir *wieder einschlafen* 30
rendre *zurückgeben* 59
renoncer *verzichten* 19
renouveler *erneuern* 13
rentrer (+ a/ê) *nach Hause gehen* 5
renvoyer *zurückschicken* 33
répandre *ausbreiten/verbreiten* 16/59
reparaître (+ a/ê) *wieder erscheinen* 49
repartir *weitergehen* 50
répartir *verteilen* 6
repeindre *neu streichen* 15
répéter *wiederholen* 55
répondre *antworten* 16/59
reprendre *wieder nehmen* 56
requérir *bitten/ersuchen* 11
résoudre *lösen* 60
ressentir (+ a) *spüren* 50
resservir *wieder dienen* 62
restreindre *einschränken* 15
retenir (+ a) *zurückhalten* 67
retourner (+ a/ê) *umdrehen/zurückgehen* 5
réunir *versammeln* 6
revenir *zurückkommen* 67
revivre *wieder leben* 68
revoir *wiedersehen* 69
rire *lachen* 61
rompre *brechen* 8
ronfler *schnarchen* 5
rouvrir *wieder aufmachen* 48
rudoyer *brutal umgehen* 32
rugir *brüllen* 6
ruiner *ruinieren* 5
ruisseler *rieseln* 13
ruser *List anwenden* 5

S

sacrifier *opfern* 5
saisir *ergreifen* 6
saler *salzen* 5
salir *verschmutzen* 6
saluer *begrüßen* 5
satisfaire *zufriedenstellen* 36

sauter *springen* 5
sauver *retten* 5
savoir *wissen* 9
sculpter *schnitzen* 5
sécher *trocknen* 55
secouer *schütteln* 5
secourir *zu Hilfe kommen* 7
séduire *verführen* 21
sélectionner *auswählen* 5
semer *säen* 10
sentir (+ a) *fühlen/riechen* 50
serrer *drücken* 5
servir *(be)dienen* 62
signaler *melden* 5
signer *unterschreiben* 5
soigner *pflegen* 5
sonner *klingeln* 5
sortir (+ a/ê) *hinausgehen* 50
souffler *blasen* 5
souffrir *leiden* 48
soulever *hochheben* 10
soumettre *unterwerfen/unterbreiten* 45
sourire *lächeln* 61
souscrire *unterschreiben* 31
soustraire *abziehen* 35
soutenir (+ a) *unterstützen* 67
se souvenir *sich erinnern* 67
submerger *überfluten* 44
subvenir (+ a) *für etw. aufkommen* 67
sucrer *zuckern* 5
suffire *genügen* 63
suivre *folgen* 64
suppléer *vertreten* 24
supposer *annehmen* 5
supprimer *beseitigen* 5
se surmener *sich überbeanspruchen* 10
surprendre *überraschen* 56
surveiller *überwachen* 5
survenir *ereignen* 67
survivre *überleben* 68

T

tailler *spitzen* 5
taire *schweigen* 52
taper *schlagen* 5
teindre *färben* 15
téléphoner *anrufen* 5
tendre *spannen* 16/59
tenir *halten* 67
terminer *beenden* 5
tomber (+ a/ê) *fallen* 5
tondre *scheren/mähen* 16/59
tordre *verbiegen* 16/59
torturer *foltern* 5
tourner *drehen* 5
tousser *husten* 5
tracer *zeichnen* 19
traduire *übersetzen* 21
trahir *verraten* 6
traire *melken* 35
transcrire *abschreiben* 31
transmettre *vermitteln* 45
travailler *arbeiten* 5
trembler *zittern* 5
tressaillir *zusammenzucken* 14
trier *sortieren* 5
triompher *siegen* 5
tromper *betrügen* 5
trôner *thronen* 5
troubler *verwirren* 5
trouer *ein Loch machen* 5
trouver *finden* 5
tuer *töten* 5
tutoyer *duzen* 32

U

ulcérer *tief kränken* 55
unir *vereinigen* 6
utiliser *benutzen* 5

V

vaincre *besiegen* 65
valoir *wert sein* 66
valoriser *aufwerten* 5
vendanger *Trauben lesen/ernten* 44
vendre *verkaufen* 16/59
venir *kommen* 67
verser *eingießen* 5
vibrer *vibrieren* 5
vidanger *entleeren* 44
vider *leeren* 5
vieillir *alt werden* 6
viser *zielen* 5
visiter *besichtigen* 5
visser *festschrauben* 5
vivre *leben* 68
vociférer *brüllen* 55
voir *sehen* 69
voler *fliegen* 5
voltiger *herumfliegen* 44
vomir *erbrechen* 6
voter *abstimmen* 5
vouloir *wollen* 70
vouvoyer *sitzen* 32
voyager *reisen* 44

Alphabetische Verbliste Deutsch – Französisch

Hier haben wir für Sie die wichtigsten deutschen Verben mit den entsprechenden französischen Übersetzungen alphabetisch aufgelistet. Auch hier steht die rechts angeführte Nummer für die Konjugationsnummer, also das Muster, nach dem das entsprechende französische Verb konjugiert wird. Die französischen Entsprechungen der hervorgehobenen deutschen Verben sind als vollständige Konjugationstabellen vorne im Buch abgedruckt.

A

abgrenzen circonscrire 31
abhängen dépendre 16/59
ablehnen refuser 5
ablösen relayer 51
abnehmen maigrir 6
abnehmen décroître 26
abräumen desservir 62
abreißen arracher 5
abschaffen abolir 6
abschieben expulser 5
abschließen conclure 20
abschreiben transcrire 31
abstauben épousseter 41
abstimmen voter 5
abstrahieren abstraire 35
abtrennen découdre 22
abtropfen égoutter 5
abweichen diverger 44
abziehen soustraire 35
ahnen pressentir (+ a) 50
alt werden vieillir 6
amüsieren amuser 5
ändern changer 44
angeben indiquer 5
angelaufen kommen accourir (+ a/ê) 7
angreifen attaquer 5
angreifen assaillir 14
ankommen arriver 5
ankündigen annoncer 19
anmelden inscrire 31
annehmen supposer 5
anrufen téléphoner 5
anspannen atteler 13
antworten répondre 16/59
anwenden appliquer 5
anzeigen dénoncer 19
anziehen attirer 5
anziehen habiller 5
arbeiten travailler 5
auf-/abmachen défaire 36
aufblasen gonfler 5
aufhängen afficher 5
aufhäufen amonceler 13
aufheben abroger 44
aufhellen éclaircir 6
aufhören arrêter 5
auflösen dissoudre 60
aufräumen ranger 44
aufrechterhalten maintenir (+ a) 67
aufschütten remblayer 51
aufspringen bondir 6
auftauen dégeler 10
aufwerten valoriser 5
aufzählen énumérer 55
ausbreiten/verbreiten répandre 16/59
ausbreiten/verwenden déployer 32
auseinandernehmen disjoindre 42
ausführen accomplir 6
ausgeben dépenser 5
ausschalten éteindre 15
ausschließen évincer 19
ausschließen exclure 20
sich aussetzen encourir 7
aussprechen prononcer 19
ausstrahlen émettre 45
ausstrecken étendre 16/59
auswählen sélectionner 5
ausziehen déshabiller 5

B

baden baigner 5
bahnen frayer 51
bauen fabriquer 5
bauen bâtir 6
bauen construire 21
bedauern plaindre 23
bedecken recouvrir 48
(be)dienen servir 62
bedrücken oppresser 5
beeinflussen influencer 19
beenden terminer 5
beenden finir 6
beerdigen enterrer 5
befehlen ordonner 5
befehlen enjoindre 42
befestigen attacher 5

befestigen affermir (6)
befragen interroger (44)
befreien affranchir (6)
befreien libérer (55)
befreien (Steuer) exonérer (55)
befürchten redouter (5)
begehen commettre (45)
beginnen commencer (19)
begraben ensevelir (6)
begrüßen saluer (5)
behalten garder (5)
beharren démordre (16)/(59)
beharren persévérer (55)
behaupten affirmer (5)
beherbergen héberger (44)
Beifall klatschen applaudir (6)
beinahe tun faillir (37)
beißen mordre (16)/(59)
beitragen concourir (7)
bekämpfen combattre (17)
bekommen recevoir (58)
beleben animer (5)
bellen aboyer (32)
bemerken apercevoir (58)
benutzen utiliser (5)
beraten conseiller (5)
beruhigen calmer (5)
beschäftigen/verwenden employer (32)
beschimpfen insulter (5)
beschleunigen accélérer (55)
beschneiden circoncire (63)
beschreiben dépeindre (15)
beschreiben décrire (31)
beschuldigen inculper (5)
beseitigen supprimer (5)
besichtigen visiter (5)
besiegen vaincre (65)
besitzen détenir (+ a) (67)
besprechen discuter (5)
bestätigen confirmer (5)
bestechen corrompre (8)
bestellen/befehlen commander (5)
bestreichen enduire (21)
betrachten considérer (55)
betrügen tromper (5)
beugen incliner (5)
beurteilen condamner (5)
bewaffnen armer (5)
bewegen bouger (44)
bewilligen agréer (24)
bezahlen payer (51)
bitten/ersuchen requérir (11)
blasen souffler (5)
braten frire (63)
brechen casser (5)
brechen rompre (8)
brüllen rugir (6)
brüllen vociférer (55)
brutal umgehen rudoyer (32)
buchstabieren épeler (13)
bürsten brosser (5)

D

dauern durer (5)
decken couvrir (48)
definieren définir (6)
degenerieren dégénérer (55)
delegieren déléguer (55)
denken penser (5)
diskutieren débattre (17)
drehen tourner (5)
drucken imprimer (5)
drücken serrer (5)
drücken appuyer (34)
durchblättern feuilleter (41)
durcheinanderbringen perturber (5)
durchlaufen parcourir (7)
durchsetzen imposer (5)
duzen tutoyer (32)

E

ein Loch machen trouer (5)
einatmen inhaler (5)
eindösen s'assoupir (6)
eindringen pénétrer (55)
einebnen niveler (13)
einen Spalt aufmachen entrouvrir (48)
einführen instaurer (5)
einführen/einleiten introduire (21)
eingießen verser (5)
eingreifen intervenir (67)
einholen rejoindre (42)
einladen inviter (5)
einprägen empreindre (15)
einrichten installer (5)
einrichten arranger (44)
einschalten allumer (5)
einschlafen endormir (30)
einschließen inclure (20)
einschränken restreindre (15)
einsehen admettre (45)
einsperren enfermer (5)
einstellen recruter (5)
eintreten entrer (+ a/ê) (5)
empfangen accueillir (27)
entdecken découvrir (48)
enteignen déposséder (55)
sich entfalten s'épanouir (6)
entfärben déteindre (15)
entfernen enlever (10)
enthalten contenir (+ a) (67)
enthüllen déceler (10)
entleeren vidanger (44)
entmutigen décourager (44)
entrahmen écrémer (55)
entschädigen indemniser (5)
entschädigen dédommager (44)
entscheiden décider (5)

entschuldigen excuser 5
entspannen détendre 16/59
entsprechen équivaloir 66
enttäuschen décevoir 58
erbrechen vomir 6
ereignen survenir 67
ergänzen compléter 55
ergreifen saisir 6
erhalten obtenir (+ a) 67
erinnern rappeler 13
sich erinnern se souvenir 67
erkennen reconnaître 49
erkunden explorer 5
sich erkundigen s'enquérir 11
erlauben permettre 45
ermorden assassiner 5
ermutigen encourager 44
ernähren nourrir 6
erneuern renouveler 13
erobern conquérir 11
erreichen atteindre 15
erscheinen apparaître (+ ê) 49
erscheinen comparaître 49
erschrecken effrayer 51
erstarren figer 44
erstaunen étonner 5
erwähnen citer 5
erwerben acquérir 11
erzählen raconter 5
erzeugen/herstellen produire 21
erziehen/errichten élever 10
essen manger 44
explodieren exploser 5
exportieren exporter 5

F

fallen tomber (+ a/ê) 5
fällen/töten abattre 17
fälschen contrefaire 36
fangen attraper 5
färben teindre 15
fasten jeûner 5
feiern célébrer 55
festschrauben visser 5
finanzieren financer 19
finden trouver 5
fischen pêcher 5
flach machen aplatir 6
fliegen voler 5
fliehen fuir 39
fliehen s'enfuir 39
fließen couler 5
flüchtig sehen entrevoir 69
folgen suivre 64
folgern/abziehen déduire 21
foltern torturer 5
fordern exiger 44
fragen demander 5
Fragen stellen questionner 5
freilegen déblayer 51
frieren geler 10
frisieren coiffer 5
fühlen/riechen sentir (+ a) 50
führen guider 5
führen mener 10
führen (zu) aboutir 6
füllen farcir 6
funkeln étinceler 13
für etw. aufkommen subvenir (+ a) 67
fürchten craindre 23

G

gackern caqueter 41
gähnen bailler 5
geben donner 5
geboren werden naître 47
gedulden patienter 5
gefährden/schaden compromettre 45
gefallen plaire 52
Gefallen finden se complaire 52
gegenüberlegen/-setzen opposer 5
gehen aller 12
gehorchen obéir 6
gehören appartenir (+ a) 67
gelangen accéder 55
gelangen parvenir 67
genießen jouir 6
genügen suffire 63
gewähren octroyer 32
gewinnen gagner 5
gießen arroser 5
glänzen briller 5
glauben croire 25
graben creuser 5
größer werden grandir 6
gründen fonder 5

H

haben avoir 1
häkeln crocheter 10
halten tenir 67
hämmern marteler 10
handeln agir 6
hängen pendre 16/59
hart machen durcir 6
hassen détester 5
hassen haïr 40
heben lever 10
heiraten épouser 5
heiraten se marier 5
heizen chauffer 5
helfen aider 5
herausholen/gewinnen extraire 35
herumfliegen voltiger 44
herumschnüffeln fureter 10

herumtollen s'ébattre 17
heruntergehen descendre (+ a/ê) 16/59
herunterklappen rabattre 17
heucheln/so tun als ob feindre 15
hinaufsteigen monter (+ a/ê) 5
hinausgehen sortir (+ a/ê) 50
sich hinsetzen s'asseoir 3
hinzufügen ajouter 5
hinzufügen adjoindre 42
hochheben soulever 10
hoffen espérer 55
hören entendre 16/59
hupen klaxonner 5
husten tousser 5

I

iahen braire 35
in die Hocke gehen s'accroupir 6
ins Bett gehen se coucher 5
integrieren intégrer 55
interessieren intéresser 5

J

jagen chasser 5

K

kämpfen lutter 5
kapieren piger 44
kaufen acheter 10
kehren balayer 51
kennen connaître 49
kleben coller 5
klettern gravir 6
klingeln sonner 5
kneifen pincer 19
knien s'agenouiller 5
knoten nouer 5
kochen cuire 21
kommen venir 67
kommen (aus) provenir 67
können pouvoir 54
kosten coûter 5
kratzen gratter 5
kratzen rayer 51
kreuzen croiser 5
küssen embrasser 5

L

lächeln sourire 61
lachen rire 61
laden charger 44
landen atterrir 6
langweilen ennuyer 34
eine lange Rede halten discourir 7
lassen laisser 5
lästern médire 29
laufen marcher 5
laufen courir 7
leben exister 5
leben vivre 68
leeren vider 5
legen (Eier) pondre 16/59
legen/setzen/stellen mettre 45
leiden souffrir 48
lernen apprendre 56
lesen lire 43
leuchten luire 21
lieben/mögen aimer 5
liefern livrer 5
liefern fournir 6
List anwenden ruser 5
lösen résoudre 60
lüften aérer 55
lügen mentir (+ a) 50

M

malen peindre 15
melden signaler 5
melken traire 35
messen mesurer 5
mischen mêler 5
mischen mélanger 44
missfallen déplaire 52
misstrauen abuser 5
mit Gewinde versehen fileter 10
mitbringen amener 10
mitnehmen emporter 5
mitnehmen emmener 10
zu Mittag essen déjeuner 5
modellieren modeler 10
modernisieren moderniser 5
muhen mugir 6
murren grommeler 13
müssen devoir 28

N

nach Hause gehen rentrer (+ a/ê) 5
nachahmen imiter 5
nachgeben céder 55
nähen coudre 22
näherkommen approcher 5
nehmen prendre 56
neigen pencher 5
nennen nommer 5
nerven énerver 5
neu schaffen recréer 24
neu streichen repeindre 15
nicht gehorchen désobéir 6
niesen éternuer 5
noch mal kochen recuire 21
notieren noter 5
nötig sein falloir 38

O

öffnen ouvrir 48
ohnmächtig werden s'évanouir 6

- *ohnmächtig werden* défaillir (14)
- *operieren* opérer (55)
- *opfern* sacrifier (5)
- *organisieren* organiser (5)

P

- *parfümieren* parfumer (5)
- *pflanzen* planter (5)
- *pflegen* soigner (5)
- ***pflücken*** cueillir (27)
- *planen* concevoir (58)
- *probieren* goûter (5)

R

- *radeln* pédaler (5)
- *rasen* foncer (19)
- *rasieren* raser (5)
- *raspeln* râper (5)
- *rechnen* calculer (5)
- *reduzieren* réduire (21)
- *regenerieren* régénérer (55)
- ***regnen*** pleuvoir (53)
- *reich werden* s'enrichir (6)
- *reinigen* nettoyer (32)
- *reisen* voyager (44)
- *retten* sauver (5)
- *rieseln* ruisseler (13)
- *rudern* ramer (5)
- ***rufen*** appeler (13)
- *ruinieren* ruiner (5)

S

- *säen* semer (10)
- ***sagen*** dire (29)
- *salzen* saler (5)
- *sammeln* recueillir (27)
- *schaden* nuire (21)
- ***schaffen*** créer (24)
- *schälen* peler (10)
- *schaukeln* balancer (19)
- *schäumen* mousser (5)
- ***scheinen*** paraître (49)
- *schenken* offrir (48)
- *scheren/mähen* tondre (16)/(59)
- *schieben* pousser (5)
- *schielen* loucher (5)
- *schimmern* chatoyer (32)
- *schimpfen* gronder (5)
- *schimpfen* maugréer (24)
- ***schlafen*** dormir (30)
- *schlagen* taper (5)
- ***schlagen*** battre (17)
- *schlagen/klopfen* frapper (5)
- *schließen* fermer (5)
- *schmelzen* fondre (16)/(59)
- *schmollen* bouder (5)
- *schnarchen* ronfler (5)
- *schnaufen* haleter (10)
- *schneien* neiger (44)
- *schnitzen* sculpter (5)
- ***schreiben*** écrire (31)
- *schreien* hurler (5)
- *schütteln* agiter (5)
- *schütteln* secouer (5)
- *schwächer werden* faiblir (6)
- *schwanken/wanken* chanceler (13)
- *schwätzen* bavarder (5)
- *schweigen* taire (52)
- *schwimmen* nager (44)
- *segnen* bénir (6)
- ***sehen*** voir (69)
- ***sein*** être (2)
- ***senden*** envoyer (33)
- *senken* baisser (5)
- *siegen* triompher (5)
- *sitzen* vouvoyer (32)
- *sortieren* trier (5)
- *spannen* tendre (16)/(59)
- *spazieren gehen* se promener (10)
- *spielen* jouer (5)
- *spitzen* tailler (5)
- ***sprechen*** parler (5)
- *sprießen/anbrechen* poindre (42)
- *springen* sauter (5)
- *spüren* ressentir (+ a) (50)
- *stechen* élancer (19)
- *stellen* placer (19)
- ***sterben*** mourir (46)
- *sticken* broder (5)
- *stinken* puer (5)
- *stöhnen* geindre (15)
- *stopfen* boucher (5)
- *stören* déranger (44)
- *stottern* bégayer (51)
- *strafen* punir (6)
- *streicheln* caresser (5)
- *streichen* barrer (5)
- *stützen* étayer (51)
- *suchen* chercher (5)

T

- *tanzen* danser (5)
- *sich täuschen* se méprendre (56)
- *teilen* partager (44)
- *teilnehmen* participer (5)
- *thronen* trôner (5)
- *tief bewegen* bouleverser (5)
- *tief kränken* ulcérer (55)
- *töten* tuer (5)
- *Trauben lesen/ernten* vendanger (44)
- *tragen* porter (5)
- *treffen* rencontrer (5)
- *treiben (zu)* induire (21)
- ***trinken*** boire (18)
- ***trocknen*** essuyer (34)
- *trocknen* sécher (55)
- ***tun/machen*** faire (36)

U

sich überbeanspruchen se surmener (10)
übereinstimmen correspondre (16)/(59)
überfallen envahir (6)
überfluten submerger (44)
überleben survivre (68)
überraschen surprendre (56)
überschreiten excéder (55)
übersetzen traduire (21)
überwachen surveiller (5)
überzeugen persuader (5)
überzeugen convaincre (65)
umarmen étreindre (15)
umdrehen/zurückgehen retourner (+ a/ê) (5)
umschnallen ceindre (15)
umziehen déménager (44)
unterbrechen interrompre (8)
unterdrücken asservir (6)
unterhalten distraire (35)
unterhalten entretenir (+ a) (67)
unterlassen omettre (45)
unternehmen entreprendre (56)
unterrichten instruire (21)
unterschreiben signer (5)
unterschreiben souscrire (31)
unterstützen soutenir (+ a) (67)
unterwerfen/unterbreiten soumettre (45)

V

verändern altérer (55)
verbiegen tordre (16)/(59)
verbieten interdire (29)
verbieten proscrire (31)
verbinden raccorder (5)
verbinden joindre (42)
verbrennen brûler (5)
verbrennen incinérer (55)
verdienen mériter (5)
verdünnen délayer (51)
vereinbaren convenir (+ a) (67)
vereinigen unir (6)
verfolgen poursuivre (64)
verführen séduire (21)
vergeben absoudre (60)
vergittern grillager (44)
vergleichen comparer (5)
verheimlichen celer (10)
verhindern empêcher (5)
verkaufen vendre (16)/(59)
verkennen méconnaître (49)
verklemmen coincer (19)
verlangsamen ralentir (6)
verlassen quitter (5)
verleihen conférer (55)
verletzen blesser (5)
sich verlieben s'éprendre (56)
verlieren perdre (16)/(59)
vermitteln transmettre (45)
verraten trahir (6)
versammeln rassembler (5)
versammeln réunir (6)
verschmutzen polluer (5)
verschmutzen salir (6)
verschreiben prescrire (31)
verschwinden disparaître (+ a/ê) (49)
versichern assurer (5)
versiegeln cacheter (41)
versprechen promettre (45)
verstecken cacher (5)
verstehen comprendre (56)
verstoßen enfreindre (15)
versuchen essayer (51)
verteidigen défendre (16)/(59)
verteilen répartir (6)
vertraut machen initier (5)
vertreten suppléer (24)
verwirren troubler (5)
verwöhnen choyer (32)
verzaubern ensorceler (13)
verzichten renoncer (19)
verzichten s'abstenir (67)
vibrieren vibrer (5)
vierteilen écarteler (10)
vollenden achever (10)
vom Blitz treffen foudroyer (32)
vorausgehen devancer (19)
vorbeigehen passer (+ a/ê) (5)
vorbereiten préparer (5)
vorgestellt werden être présenté (4)
vorhaben projeter (41)
vorhersagen prédire (29)
vorhersehen présager (44)
vorhersehen prévoir (57)
vorstellen avancer (19)
sich vorstellen imaginer (5)
vorziehen préférer (55)

W

wachsen croître (26)
wagen oser (5)
wählen choisir (6)
wählen élire (43)
wahrnehmen percevoir (58)
warnen avertir (6)
warnen prévenir (+ a) (67)
warten attendre (16)
waschen laver (5)
weggehen partir (50)
weitergehen repartir (50)
weitermachen continuer (5)
werden devenir (67)

werfen lancer (19)
werfen jeter (41)
wert sein valoir (66)
widersprechen contredire (29)
widmen consacrer (5)
wieder annähen recoudre (22)
wieder aufbauen reconstruire (21)
wieder aufmachen rouvrir (48)
wieder dienen resservir (62)
wieder einschlafen rendormir (30)
wiedererobern reconquérir (11)
wieder erscheinen reparaître (+ a/ê) (49)
wieder erscheinen réapparaître (+ a/ê) (49)
sich wieder hinsetzen se rasseoir (3)
wiederholen répéter (55)
wieder leben revivre (68)
wieder lesen relire (43)
wieder machen/tun refaire (36)
wieder nehmen reprendre (56)
wieder sagen redire (29)
wieder schreiben récrire (31)
wiedersehen revoir (69)
wieder trinken reboire (18)
wiederverwerten récupérer (55)
wiederwählen réélire (43)
wieder zurücklegen remettre (45)
wiegen peser (10)
wiegen bercer (19)
wissen savoir (9)
wohnen habiter (5)
wohnen/unterbringen loger (44)
wollen vouloir (70)

Z

zählen compter (5)
zeichnen dessiner (5)
zeichnen tracer (19)
zeigen montrer (5)
zerfetzen déchiqueter (41)
zerreißen déchirer (5)
zerschneiden découper (5)
zerstören anéantir (6)
zerstören détruire (21)
zeugen procréer (24)
zielen viser (5)
ziselieren ciseler (10)
zittern trembler (5)
zu Abend essen dîner (5)
zu Hilfe kommen secourir (7)
zuckern sucrer (5)
zufriedenstellen satisfaire (36)
zugeben avouer (5)
zuhören écouter (5)
zunehmen grossir (6)
zunehmen accroître (26)
zur Post bringen poster (5)
zurückgeben rendre (59)
zurückgreifen recourir (7)
zurückhalten retenir (+ a) (67)
zurückkaufen racheter (10)
zurückkommen revenir (67)
zurückschicken renvoyer (33)
zurückweisen rejeter (41)
zusammenfügen jumeler (13)
zusammenlaufen converger (44)
zusammenstellen assembler (5)
zusammenzucken tressaillir (14)
zuschnüren ficeler (13)
zustimmen approuver (5)
zustimmen consentir (+ a) (50)
zwingen astreindre (15)
zwingen forcer (19)
zwingen contraindre (23)
zwingen obliger (44)